ALIEN

Terror en el espacio

JORGE RIERA

El autor quiere agradecer eternamente
la ayuda humana y caritativa de las siguientes personas:
Luis Alís Ferrer, Sergio Benet, Antonio Trashorras, Jordi Costa,
El inglés, Francisco Plaza, Manuel Romo, P. Gil Pupila,
Txomin Arroyas, Vizo, Manolo Valencia, Tío Javi,
Tío Calistro, madre y padre.

Director de la colección: Manuel Valencia
Diseño: Midons Editorial

Del texto: © 1997, Jorge Riera
De la presente edición: © 1997, Midons Editorial, S. L.
Avd. Barón de Cárcer, 48-6J, 46001 Valencia-España

Primera edición: Septiembre de 1997

ISBN: 84-89240-36-1
Depósito Legal: V-3416-1997

Impresión, fotomecánica y filmaciones:
Gráficas Papallona, SCV.
C/ Pío XI, 40 bajo, 46014 Valencia

Las imágenes reproducidas han sido utilizadas
únicamente como documentación gráfica de apoyo al texto.

introducción

Se los comía a todos. A los angelicales humanoides de *Encuentros en la tercera fase*, a los peludos Ewoks de *El retorno del Jedi*, al empalagoso alienígena deforme de *E. T. El extraterrestre... El octavo pasajero* puede con todos los marcianos políticamente correctos. El ácido concentrado cabalga por sus venas, insuflándole tanta mala leche y salvajismo como para parar un tren de mercancías.

Como bien confesaba el robótico Ash pocas horas antes de que la rencorosa tripulación del Nostromo (o lo que quedaba de ella) le quemase su sintética jeta: «Es un feroz hijo de puta». Porque el verdadero protagonista de la película de Ridley Scott era la criatura extraterrestre. Que nadie lo dude. Su peligrosa y cortante dentadura provista de cuatro potentes maxilares dejaba a la altura del betún las aceradas cuchillas del bueno de Freddie Krueger o los teledirigidos ganchos del estirado Pinhead. Ningún otro de los supuestos iconos terroríficos de nuestra cinematografía más inmediata ha resultado ser tan original y mortífero como el babeante e inmundo ser engendrado por H. R. Giger.

Pero no todo iba a ser culpa del puñetero monstruo. El éxito de *Alien* (más conocido por estos pagos como *Alien, el octavo pasajero*) se basa también en la habilidad de Scott para crear un ambiente tenebroso, desesperado y recargado. De igual forma, es una película en la que confluyeron múltiples mentes brillantes y, en cierta forma, su director tan sólo representa uno de esos talentos concentrados. Probablemente, de bastante más importancia que otros involucrados, pero no de menor valía que la de los productores Walter Hill y David Giler, el guionista Dan O'Bannon o el diseñador Ron Cobb.

Alien, igualmente, significó la respuesta más aplastante a la suave y rentable situación del cine de ciencia-ficción de finales de los setenta, claramente representado por los *Encuentros en la tercera fase* de Steven Spielberg o *La guerra de las galaxias* de George Lucas. Frente a la condición cuasi-mística y esperanzadora del film de Spielberg o la espectacularidad circense y abiertamente equiparable al *western* tradicional de la superproducción de Lucas, la película de Scott iba más allá, pervirtiendo la sencillez y cordialidad de las anteriores desde la primera conversación de sus protagonistas, simples humanos, mediocres y reales, que no dudaban en maldecir si les venía en gana o protestar sobre su condición reiteradamente. La aberración alienígena era, como poco, la más terrorífica y desagradable de las mostradas en la pequeña y gran pantalla hasta entonces. En lo que respecta a la casquería, también se ofrecían un par de escenas que, seguramente, levantarían más de una ampolla en su momento.

No es de extrañar, pues, que *Alien*, una producción que casi se adelantaba a su tiempo (buena prueba de esta aseveración es que ha envejecido mucho mejor que su segunda parte, la estupenda *Aliens*), haya llegado a influenciar a multitud de realizadores, los cuales han sido capaces de componer películas que, si bien no logran alcanzar el ingenio de la original, sí resultan tan entretenidas como *Xtro* (1982), de Harry Bromley Davenport, o *Hidden* (1987), de Jack Sholder. Sin embargo, el más sano de los retoños bastardos de *Alien* ha sido, indudablemente, *La cosa* (1982), obra del meritorio John Carpenter, cuyas abultadas dosis de enjundia nos han ayudado a olvidar la inevitable y entrañablemente casposa presencia de las decenas de clones italianos de serie Z surgidos a partir de la celebridad del film de Ridley Scott.

Porque *Alien*, en la actualidad, es sinónimo de dinero. Al margen

Los tebeos de *Aliens*, parte del enorme *merchandising* que ha generado la saga.

Perdidos en el espacio.

de la fructuosidad de sus secuelas, el *merchandising* derivado ha generado copiosas cantidades de beneficios a sus diferentes licenciatarios.
Pese a todo, de entre esta miríada de productos cabe destacar los tebeos inspirados en sus personajes. La editorial norteamericana independiente Dark Horse obtuvo sus caros derechos para trasladar las corre-
rías del alien hasta el mundo de las viñetas y, así, alcanzar unas cifras
de ventas que parecían estar eternamente adjudicadas a los *comic-
books* de las omnipotentes editoriales Marvel y DC. Hoy por hoy, gracias al noveno arte, nuestro idolatrado monstruo se ha convertido en
una auténtica atracción de feria, un mero reclamo comercial que men-
sualmente se enfrenta cara a cara con los mismísimos Superman,
Batman o Depredador. Precisamente, este último, otro ser venido del
espacio exterior, inicialmente nacido en el seno del séptimo arte y que
también ha sufrido el trasvase a las viñetas, produjo tal revuelo al reu-
nirse con el octavo pasajero, que los rumores que situaban a ambos

personajes como posibles protagonistas de otro encuentro, pero en esta ocasión fílmico, no tardaron en multiplicarse por doquier. No obstante, tal *cross-over* nunca llegó a llevarse a cabo, con lo que, por ahora, estamos a salvo de la mediocridad en la que se ha sumido la saga en su vertiente historietística, tan prometedora en sus comienzos.

En nuestros días, cuando nos hallamos sumidos en la tercera gran oleada de supuestos avistamientos OVNI del siglo XX, cuando cada vez falta menos para la llegada del vigésimo aniversario de Ripley y compañía, cuando ni los *aliens* cabrones de *Independence day* se libran de la pertinente huella gigeriana, la saga inaugurada por Ridley Scott en 1979 vuelve a estar en boca de todos gracias a *Alien: resurrection*, tercera continuación destinada a suplir las carencias de la anterior secuela, merced a una Sigourney Weaver en estado de gracia (sus emolumentos por participar en la película han sido considerables) acompañada por Winona Ryder, la morenita cañón más seductora de todo Hollywood.

Llevamos ya demasiado tiempo adormilados, engañados. Los extraterrestres no son buenos, no son gente de bien. Coccoon, Alf, Carlos Jesús... ¡Mentira! Nos lo intentaron explicar en *V*, pero la serie fue cancelada. En *Mars attacks!* e *Independence day* nos los ventilábamos en un periquete y, por lo tanto, eran incapaces de provocarnos miedo alguno. Y de los hombrecillos verdes de *Expediente X*, ya ni hablamos... *Alien* ha vuelto. Se acabaron los marcianos de peluche.

A L I E N

EL 8. PASAJERO

En el espacio nadie puede oír tus gritos.

capítulo 1
sinopsis
. . . .

A L I E N

EL 8. PASAJERO

En el espacio nadie puede oir tus gritos.

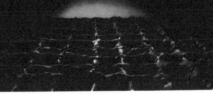

TWENTIETH CENTURY FOX PRESENTA A L I E N
EL 8.º PASAJERO

Diseño de Moebius.

«Astronave comercial Nostromo. Tripulación: siete miembros. Cargamento: veinte mil millones de toneladas de mineral de hierro en proceso de refinado. Rumbo: vuelta a la Tierra.»

Con este mensaje, reflejo de la situación de la nave espacial que sirve como telón para el desarrollo de la mayor parte de la historia que nos ocupa, comienza *Alien*.

Nos encontramos en una desconocida era futura. En ella, un consorcio aludido únicamente bajo el nombre de La Compañía, financia y equipa expediciones espaciales que se dedican a buscar fuentes de energía para mantener su posición de principales encargados de la manutención del planeta Tierra. Uno de estos equipos es el integrado por miembros del carguero Nostromo, quienes, mientras regresan de una misión que ha durado varios años, son despertados del estado de animación suspendida en el que se hallaban sumidos a la espera de la llegada a su planeta de origen.

La computadora de la nave, MU/TH/UR 6000, también conocida como Madre (Mother), advierte al capitán Dallas (Tom Skerritt) de que ha desviado la trayectoria de la nave espacial y ya no se dirigen de vuelta a casa. La razón de tan repentina acción se basa en que el ordenador ha captado una transmisión de origen desconocido, en forma de rayo acústico que se repite en intervalos de doce segundos, proveniente de un planeta estéril, el Nivel 426, cercano a la situación del Nostromo. Pese a que toda la tripulación desaprueba la orden, La Compañía les obligará a investigarla debido a una cláusula de su contrato que les impide desatender la llamada de auxilio.

Tras un complicado aterrizaje en el mencionado nivel, tres de los tripulantes del Nostromo rastrean el origen de la llamada hasta penetrar en una extraordinaria astronave estrellada. En ella, los tres exploradores encuentran los restos del supuesto navegante estelar, cuyos huesos están curvados hacia fuera, como si una explosión interna hubiera acabado con él. A la par, el tercer oficial Kane (John Hurt) halla una especie de invernadero en el que se almacenan unos extraños huevos que parecen albergar un organismo vivo en su interior. Mientras todo esto sucede, la tercera oficial Ripley (Sigourney Weaver), a bordo del Nostromo, descubre que la supuesta señal de socorro no es tal, sino la advertencia del posible viajante estelar muerto hace años, para que otros posibles visitantes no se aproximasen al planeta. Sin embargo, el hallazgo de Ripley será ignorado por Ash (Ian Holm), el oficial científico de la nave, quien desea que la misión prosiga a toda costa.

Kane será devuelto a bordo del Nostromo con la ayuda de Ash, quien, misteriosamente, desobedece las instrucciones de Ripley de prohibirle la entrada debido al desconocimiento de las particularidades del organismo alienígena que le ha atacado y permanece adherido a su cara.

Durante un infructuoso intento de extirparle a Kane la criatura que le ahoga, se revela que su sangre está compuesta por ácido. Posteriormente, Kane será hallado en un estado aparente de buena salud tras el abandono del *alien*, que permanece muerto a pocos metros de él. El Nostromo, después de la supuesta mejora de Kane, abandona finalmente el Nivel 426.

Sin embargo, durante el almuerzo, Kane dará a luz, tras una serie de fuertes convulsiones, a un horrible y pequeño ser de aspecto serpentiforme que escapará velozmente ante la atónita mirada de los restantes protagonistas.

La muerte de Kane por causa del «parto» instará a los demás miembros del Nostromo a tratar de dar caza a la misteriosa criatura. Para ello, Ash construirá un señalizador de microcambios del aire que confundirá la presencia del gato de la nave con la del *alien*. El mecánico Brett (Harry Dean Stanton) será el encargado de recoger al felino que les ha fastidiado el plan, pero, por el camino, se convertirá en la primera víctima del cada vez más evolucionado y descomunal engendro extraterrestre.

En esta ocasión, la nueva sugerencia de Ash será la de exterminar al monstruoso polizón mediante el fuego. Así, el aguerrido capitán, armado con un lanzallamas, lo perseguirá guiado por las instrucciones radiofónicas de Ripley y compañía. Todo resultará en vano, ya que la temible criatura lo exterminará sin dejar rastro alguno de su cuerpo y sus compañeros solo podrán recuperar su arma.

Ripley rastreará la memoria de Madre a la búsqueda de datos que la puedan ayudar en la tarea de hacer pasar a mejor vida al *alien*, descubriendo que la prioridad de la computadora es hacer llegar con vida al organismo extraterrestre hasta la Tierra, caiga quien caiga. Ash, que era el único que conocía la verdadera misión del Nostromo, se enfrentará con una furiosa Ripley, a la que acabará golpeando. Durante el forcejeo entre ambos, en el que los demás tripulantes intentan controlar al desbocado Ash, este último se muestra como lo que realmente es: un androide programado para lograr que el *alien* llegue vivo hasta la Tierra, lugar donde será metódicamente investigado por el departamento científico de armas biológicas de La Compañía.

Después de que el robot sea totalmente destruido, el ingeniero Parker (Yaphet Kotto) y la piloto Lambert (Veronica Cartwright) serán también asesinados por el *alien*, justo en el momento en que se hallaban a punto de escapar en la nave auxiliar.

La única salida de Ripley es activar la fase de destrucción del Nostromo, pero, al hacerlo, descubre al monstruo e intenta, inútilmente, desactivar el mecanismo de destrucción. Al final, Ripley escapa en la nave auxiliar creyendo que el *alien* ha desaparecido con el Nostromo, algo no del todo cierto, al percatarse esta de que viajan juntos. No obstante, la superviviente conseguirá introducirse en un traje espacial y abrir la compuerta de la nave, provocando que el *alien* sea absorbido por el vacío. A continuación, grabará este mensaje en el ordenador de a bordo: «Nostromo. Informe del tercer oficial. Los otros miembros de la tripulación: Kane, Lambert, Parker, Brett, Ash y el capitán Dallas, han muerto. La nave y el cargamento han sido destruidos. Debería llegar a la frontera dentro de seis semanas. Con un poco de suerte, las patrullas podrán descubrirme. Ha informado Ripley, última superviviente del Nostromo. Fin del informe.»

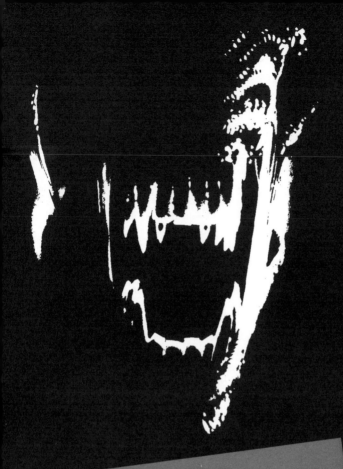

ALIEN.

UNAUTHORISED PERSON
LOWED ON THIS STAGE

ALIEN
ABSOLUTELY
NO VISITORS
WITHOUT WRITTEN PERMISSION
FROM PRODUCTION MANAGER

capítulo 2
alien,
el octavo pasajero
....

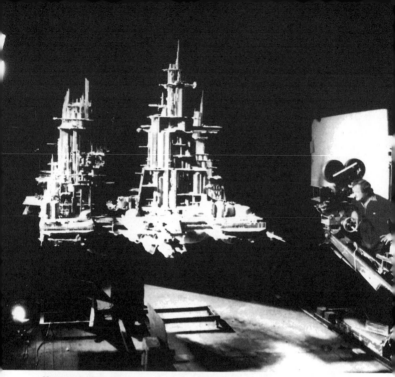

Maqueta del Nostromo

Giger, el perturbado padrastro de la criatura.

---

18 • Alien

Con un par de copas de más, siempre es fácil probar suerte con el astuto truco de la búsqueda del acompañante perdido: «Oye, que mi novia se ha quedado dentro. Déjame entrar a buscarla y en seguida salimos». Claro que, si lo primero no funciona, siempre se puede probar con la treta alternativa de las amistades influyentes: «No, si yo es que conozco al dueño de todo esto. Hala, déjame pasar y ya hablo con él». Pero allí, nada de nada. Ni siquiera la discoteca más selecta de toda Ibiza hubiera superado las medidas de prevención contra advenedizos del rodaje de *Alien*.

Buena prueba de esto es que, si durante el bochornoso verano de 1978 visitaste los descomunales Estudios Shepperton, en Inglaterra, muy posiblemente, acabarías comiéndote las uñas en la misma puerta. Después de viajar durante unos cuarenta y cinco minutos en tu automóvil desde Londres, sudar la gota gorda y jugarte la vida con el hercúleo guardia de seguridad que te impedía la entrada, te diste con un canto en los dientes, perdiéndote un rodaje que fue llevado en el más estricto de los secretos.

Sin embargo, el inicio de la gestación de este legendario largometraje se remonta a varios años atrás. De igual forma, el Reino Unido no era justamente el primer escenario en el que la semilla de *Alien* emprendería su florecimiento.

Cuatro de las personas que influyeron en mayor o menor medida en la creación de *Alien* (Moebius, Chris Foss, H. R. Giger y Dan O'Bannon) se encontraban juntos en Francia en 1975, trabajando en un proyecto para adaptar *Dune* a la gran pantalla. Alejandro Jodorowsky (*Santa sangre*) se había vuelto loco y pretendía condensar el fascinante e indescifrable mamotreto de Frank Herbert en un proyecto que reuniría a genios de toda índole: Mick Jagger, Orson Welles, Salvador Dalí... Hoy en día, algunos de los involucrados en el proyecto lo describen como una quimera fascinante que, aunque no llegó a hacerse realidad, deleitó a todos los que participaron en su desarrollo.

Pese a que Jodorowsky no logró consumar su soñado y grandilo-cuente propósito, el productor Dino de Laurentiis adquirió los dere-chos de la obra e intentó colarle el muerto a Ridley Scott, que no acep-tó la oferta, posiblemente por lo complicado del asunto, la necesidad de apartarse de la ciencia-ficción (por entonces ya había dirigido dos films de género), el cansancio o la decisión de consagrarse en cuerpo y alma a ese cuento retorcido para grandes y chicos que fue *Legend*. Sea como fuere, David Lynch acabó siendo el encargado de traspasar los delirios de Herbert al celuloide, consiguiendo un film de arte y ensayo atractivo, caro y que sacrificaba la coherencia del guión ante la hermosura de sus imágenes y personajes. Pero eso es otra historia.

Dan O'Bannon, uno de los implicados en el anteriormente citado proyecto, había quedado sumido en una apática depresión tras el fra-caso del sueño de Jodorowsky que, en cierta forma, fue el de todos los que en él participaron. Igualmente, no tenía ni un miserable duro y se vio obligado a quedarse en Los Ángeles, en casa de su amigo, el tam-bién escritor Ronald Shusett. Durante una semana, no pegó ni golpe, sentado en el sofá, regodeándose en su propia miseria e incubando lo que sería el primer paso de la larga y oscilante carrera que le llevaría hasta el descubrimiento del octavo pasajero del Nostromo.

LA FORJA DE UN CLÁSICO

O'Bannon llevaba bastante tiempo afanándose en un guión titulado *Memory* que no lograba concluir. *Memory* estaba compuesto, básica-mente, por la primera mitad de la historia de *Alien*, la correspondien-te al aterrizaje de la astronave en el planetoide y el posterior hallazgo de los extraterrestres. O'Bannon, en un arrebato de desesperación y confesión amistosa, le habló a Shusett acerca de su incapacidad para terminar el guión. Este, ni corto ni perezoso, le propuso paliar su esca-sez de ideas hermanando lo que había escrito hasta entonces con un extraño relato que el mismo O'Bannon le había contado en el pasado. El relato en cuestión versaba acerca de un grupo de *gremlins* que durante la Segunda Guerra Mundial se introducía en un bombardero B-17 para hacerle la vida imposible a su tripulación. Todo esto ocu-rría, naturalmente, antes de que Joe Dante y Steven Spielberg convir-tieran a estos duendecillos parientes de los gnomos en los diminutos engendros devoralotodo de *Gremlins*. A la par, el consejo de Shusett iba acompañado por otro no menos interesante: situar la acción en una nave espacial.

Esquema del interior de la nave.

Consecuentemente, el bombardero pasaba a ser una flamante astro-nave, la acción tendría lugar en el tiempo futuro en vez de la Segunda Guerra Mundial, y los revoltosos *gremlins* se metamorfoseaban por arte de magia en una raza de seres venidos del espacio exterior de lo más chungo.

Ya por entonces, cuando O'Bannon pensaba en el monstruo alieníge-gena de su guión, se lo imaginaba reiteradamente como uno de los espeluznantes endriagos surgidos de la mente de H. R. Giger, artista con el que había coincidido en la intentona de *Dune*: «No había sido capaz de sacarme de la mente a Hans Rudi Giger desde que dejase Francia. Sus pinturas me afectaron de manera muy profunda. Nunca antes había visto algo tan absolutamente horrible y, al mismo tiempo, tan bello como su trabajo.» Por entonces, el escritor desconocía que volvería a colaborar con Giger meses después.

Ahora, el guión de O'Bannon había pasado a llamarse *Star Beast*, aunque durante una noche de inspiración, mientras Shusett dormía la borrachera y él reescribía algunas secuencias, reparó en una conver-sación entre dos de sus personajes. En ella, estos se referían al mons-truo como «el *alien*». En un alarde de imaginación fuera de lo común, el autor decidió rebautizar su obra con el sesudo título y, orgulloso de su hallazgo, despertó a su compañero para relatárselo. Este, lógica-mente, le dio la razón como a los locos y prosiguió reposando.

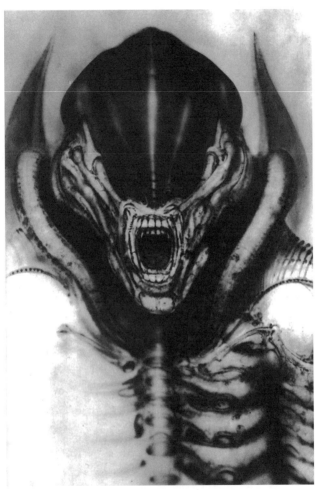

La terrorífica creación de Giger.

Pero O'Bannon estaba lanzado. Se sentía dispuesto a despedirse de las filas del paro completando aquel nuevo guión que le sacaría de la indigencia monetaria (o casi) en la que se desenvolvía diariamente. Con este propósito en mente visitó a otro de sus amigos del oficio, el ilustrador Ron Cobb. Ambos habían coincidido en *Dark Star* (1974), una disparatada comedia de ciencia-ficción que parodiaba el *2001:*

Una odisea del espacio (1968) de Stanley Kubrick, protagonizada y coescrita por O'Bannon junto a su director, el por entonces novato John Carpenter.

Originalmente, el guión de O'Bannon —incansable seguidor de las más casposas películas de género— pretendía convertirse en un largometraje de bajo presupuesto como *Dark star*, repleto de guiños cinéfilos y cachondeo desaforado. Precisamente, esta última, al igual que la posterior *El regreso de los muertos vivientes* (1985), la cual dirigiría él mismo, son un ejemplo perfecto para ilustrar lo que *Alien* pudo haber llegado a ser de haber caído en otras manos que las que la elevaron hasta la categoría de *cult-movie* que en la actualidad ostenta.

LOS MANEJOS DE LA BRANDYWINE

Tras leer el guión, un entusiasmado Cobb comenzó a realizar algunos dibujos sobre la nave, los personajes y el *alien*. Por fin, después de consagrar tres meses de su vida a escribir disparates sobre seres venidos del espacio exterior, O'Bannon —siempre escudado por su inseparable Shusett— puso en marcha el guión y las ilustraciones de Cobb por los despachos de varias productoras del país.

La sorpresa vino dada cuando la Brandywine, en aquel momento una pequeña y no muy conocida productora formada por el escritor David Giler, el director/escritor Walter Hill y el productor Gordon Carroll, decidió apadrinar el guión. De repente, todo se precipitó y la pareja de escritores se vio envuelta en una posible película que dispondría de un generoso presupuesto de ocho millones de dólares, por cortesía de la mismísima 20th Century Fox. ✐

Sin lugar a dudas, el asunto estaba adquiriendo más envergadura de la que O'Bannon y sus colaboradores podían haber llegado a imaginar. Lejos quedaban los 60.000 dólares que Carpenter y el creador de *Alien* utilizaron en 1970 para emprender el rodaje de *Dark star*. Pero que muy lejos...

Más de trescientas personas pusieron manos a la obra en el inicio de la elaboración de un film que ya había sufrido los primeros retoques característicos de una producción *main-stream*: los productores David Giler y Walter Hill no dudaron en reescribir las partes del guión que no les convencieron del todo. Así, varias subtramas del original fueron modificadas, además de añadir dos mujeres a la tripulación de la astronave, el pérfido androide Ash y el, a todas luces, innecesario gato Jonesy.

Walter Hill, director de títulos como *Forajidos de leyenda* (1980) o *La presa* (1981) y guionista de películas tan célebres como *La huida* (1972) y *El hombre del Mackintosh* (1973), se presentaba a priori como el más firme candidato para dirigir *Alien*. No obstante, delegó tal cometido en otro tras quedar absorbido por sus labores en *The warriors*, un film menor sobre bandas callejeras y violencia urbana. Ese otro era ni más ni menos que Ridley Scott, probablemente, uno de los directores británicos de anuncios publicitarios más respetados de la década de los setenta. Scott tan solo contaba con un largometraje a sus espaldas, *Los duelistas* (1976), que había gozado de una acogida bastante moderada por parte de crítica y público, pero Sandy Lieberson, director del departamento de producción de la 20th Century Fox, era un fan empedernido de la película y no dudó un instante en enviarle una copia del entonces huérfano guión.

Scott aceptó encargarse de *Alien* sin ningún titubeo: «Estaba en medio del desarrollo de otro proyecto y este guión cayó en mi escritorio. Lo leí en cuarenta minutos... y ¡bang! El guión era simple y directo; esa fue la razón por la que hice la película».

En esos días, nuestro amigo Ridley estaba sumergido en un proyecto para la Paramount en el que aspiraba a adaptar la legendaria historia artúrica de espadas, flirteos y malentendidos de *Tristán e Isolda*, antaño popularizada por el compositor Richard Wagner a través de su archiconocida ópera. Cuando el guión ya estaba listo, Scott presenció un preestreno de *La guerra de las galaxias* (1977) y quedó considerablemente asombrado. Había descubierto la ciencia-ficción y el guión de *Alien* fue la excusa idónea para abandonar lo que tenía entre manos en ese momento y adentrarse en los sugerentes resquicios de una forma de hacer cine repleta de posibilidades.

UNA NAVE LLAMADA NOSTROMO

Scott sometió a todo su equipo a una sesión intensiva de visionado de cintas como *La matanza de Texas* (1974), *Encuentros en la tercera fase* (1977) o *2001: Una odisea del espacio*. La primera, suponemos, sirvió para curar de espantos a todo el mundo y aleccionar acerca de como debería ser el terror que envolviese el ambiente de su nuevo largometraje, de qué tipo deberían ser los golpes de efecto. Las dos siguientes, evidentemente, constituían una muestra palpable de las constantes de la nueva ciencia-ficción contemporánea y, en cierta forma, de lo que deberían evitar o reproducir a la hora de realizar *Alien*.

Una de las creaciones de Moebius.

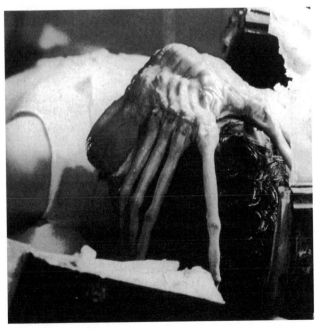

Parasitando al pobre Kane.

Con el nombramiento de Scott como director oficial del film, los ejecutivos de la Fox habían dado en el clavo. Puesto que era un auténtico experto en diseño (había estudiado en el West Hartlepool of Art y en el London's Royal College of Art antes de llegar a ser un reputado director publicitario) se encontraba como pez en el agua entre tanto artista estrella, orquestando sus maniobras y poniendo en su sitio una materia bruta que se encontraba en proceso de formación desde hace meses. Sus detallados *story-boards* atestiguaban la total solidez de la estética que trataba de otorgarle al film. Esta obsesión por lo visual, tan provechosa durante la formación de *Alien*, le ha granjeado al director numerosos reproches a lo largo de su carrera: «A veces soy acusado de ser excesivamente visual», confiesa Scott. «Alguien se refirió a mí hace poco como un "visualcohólico", lo que es algo curioso, porque realmente e intentado limitar esto en mis últimos trabajos. De todas maneras, creo que forma parte de mi propio estilo de hacer cine.»

Este «estilo» del que Scott habla, comprende diversas facetas. Sin ir más lejos, la estructura de la nave, sabiamente construida a partir de los diseños de Cobb y la elaborada artesanía de Roger Christian y sus técnicos, posee varias sugerencias del director. Y así, con todo.

Su meticulosidad óptica, sobradamente manifiesta en *Los duelistas*, no hizo más que añadir atractivo a un proyecto holgadamente preparado y que, al estar incluido en la categoría de ciencia-ficción cinematográfica, requería un cuidado máximo de los detalles. En este plano, el equipo de *Alien* siguió a rajatabla el principio de intentar avistar lo que sería el futuro. No ambicionaban soltar las riendas de su imaginación y concebir tecnologías maravillosas y espectaculares —tal como ocurriese en *La guerra de las galaxias*—, motivo por el cual, enlazando la funcionalidad tecnológica con el mimo en las particularidades más ínfimas, los personajes sobresalían pareciendo más reales, más convincentes, pese a estar situados en un entorno futurista.

Ron Cobb, una especie de ingeniero frustrado metido de cabeza en la industria del cine, especuló acerca de la tecnología venidera: los centros de gravedad, los escudos radiactivos, cualquier cosa... Cobb, uno de los pocos diseñadores que estuvieron inmiscuidos en el proyecto desde su nacimiento, es un especialista de renombre cuya sobrada pericia se ha visto reflejada en la teleserie *Battlestar Galactica* o en películas como *Desafío total* o *La guerra de las galaxias* (algunas de las criaturas de la cantina son suyas). Durante el transcurso del año 77, gran parte de su labor en *Alien* tuvo lugar en una pequeña habitación de los despachos de la 20th Century Fox, donde diseñó la mayoría de los interiores y exteriores del carguero interestelar Nostromo (nombre con el que se homenajeaba al escritor Joseph Conrad, santo de la devoción de Scott) junto al no menos fenomenal Chris Foss y el decorador Michael Seymour.

Abundando en la construcción de la mítica astronave —inicialmente bautizada con el nombre de Leviathan—, esta fue transformada en una realidad tangible gracias a un equipo de más de doscientos obreros y técnicos liderados por los portentosos encargados de los efectos especiales Brian Johnson y Nick Allder. Estos, invirtieron cientos de horas en fabricar tres versiones diferentes de la nave, que después utilizaron a placer según el tipo de plano que debían rodar. Y todo ello, sin emplear las nuevas técnicas inventadas por George Lucas y sus mágicos especialistas, puesto que el Nostromo no se movía a las espectaculares velocidades que lo hacían las naves de Luke Skywalker y compañía.

Tras múltiples ideas y diseños, el resultado último que pudimos ver en la película, es un colosal remolcador dotado de una plataforma de refinamiento considerablemente influenciado por los tanques y bombarderos de la Segunda Guerra Mundial. Así, desde la secuencia inicial de *Alien*, podemos disfrutar de la magnificencia del Nostromo, una nave fría y aséptica, atravesando un espacio en total calma, cuya monumentalidad no hace más que subrayar su insignificancia enmedio del cosmos. Los primeros apuntes de la soledad plena que rodea a la astronave, del abandono en la nada de sus tripulantes se deja caer sutilmente durante los primeros momentos del film. Se mueve lentamente durante unos segundos, subrayando la inquietante partitura de Jerry Goldsmith (autor de la admirable, depurada y por momentos claustrofóbica banda sonora), advirtiendo, quizás, de un futuro e inminente peligro.

En lo que se refiere a su presencia interior, el Nostromo estaba dividido en tres niveles provistos de un cierto aspecto militar. El puente de mando es la parte más conseguida, estableciendo un modelo de realismo basado en la ausencia de ventanas a lo *Star Trek*, y forzando el sentimiento de aprisionamiento y opresión hasta el límite.

Además, Allder y sus colegas tuvieron que construir varios lanzallamas, un escalpelo láser o el arma de harpones con la que Ripley dispara a la criatura durante el final de la película. En definitiva, la brillantez de los diseños de *Alien* se demuestra mediante el hecho de que, pese a su mencionada falta de artificio y su indiscutible estampa setentera, resultan, en la actualidad, prácticamente igual de eficaces que cuando fuese estrenada hace ya casi dos décadas.

Otro de los implicados en los diseños principales de *Alien* fue el dibujante de cómics Jean Giraud. Francés, bajito y con casi sesenta primaveras a sus espaldas, Giraud es uno de los historietistas más admirados del mundo entero. Creador de *Blueberry*, *Arzach* o *El garaje hermético*, *Moebius* —ese es su sobrenombre artístico— realizó bocetos para el vestuario, trajes espaciales y de a bordo que fueron perfeccionados por el experto John Mollo. Uniformes y escafandras de aspecto gótico con gran riqueza de detalles que recuerdan las armaduras del Japón medieval. Hoy en día, Moebius recuerda su colaboración en la película de esta forma: «Frecuentemente lo he dicho y repetido: ¡*Alien*, han sido quince días de trabajo y diez años de repercusiones mediáticas y publicitarias!».

No obstante, su distintiva presencia, aunque escasa, se hizo notar en el producto final. Y es que, pese a lo limitado de su participación, *Alien* es el trabajo cinematográfico que más fama ha conferido a la carrera de Moebius.

Después de *Alien*, Moebius continuó implicándose en la realización de películas como *Tron* (1982), de Steve Lisberger, *Los amos del tiempo* (1982), de René Laloux, *Masters del universo* (1987), de Gary Goddard, *Willow* (1988), de Ron Howard, o *Abyss* (1989), de James Cameron, pese a que, según ha reconocido en varias entrevistas, prefiere dedicarse a los cómics, puesto que obtiene más beneficios de tipo económico y artístico.

DENTRO DEL NIVEL 426

La historia de *Alien* se ubica en tan solo tres lugares: el interior del Nostromo (ampliamente comentado líneas arriba), la cara sur del inhóspito planeta llamado Nivel 426 y el interior de una supuesta nave extraterrestre estrellada.

Con la segunda situación, con la llegada al mencionado planetoide, se nos remite directamente a la influencia fílmica más notoria de la película, *Terror en el espacio* (*Terrore nello spazio* o *Planet of the vampires*), dirigida por el pionero del terror italiano Mario Bava en 1965 y basada en el cuento *Una notte di 21 hore*, de Renato

Pestriniero. Con guión de Ib Melchior (*The time traveller*, *Journey to the 7h Planet*), *Terror en el espacio* narraba la historia del viaje de la nave Argos al planeta Aura —tras recibir una extraña llamada procedente de este— para descubrir el trágico destino de la nave Galeón y sus tripulantes: se han convertido en los anfitriones involuntarios de los alienígenas que habitan el planeta. Una de sus escenas más recordadas nos mostraba a dos de los tripulantes del Argos explorando las ruinas de una nave espacial extraterrestre atestada de esqueletos gigantescos. Una secuencia que se repetiría posteriormente en la película de Scott. En la actualidad, *Terror en el espacio*, no solo está considerada como uno de los mejores trabajos del director de *Seis mujeres para el asesino* y *Bahía de sangre*, sino que, además, puede ser considerada como una de los mejores films de ciencia-ficción rodados en el país de la pasta.

Pero las influencias de *Alien* no se limitan a la mencionada obra de Bava. Ni mucho menos. En el guión de O'Bannon podemos reconocer alusiones a innumerables producciones clásicas de la década de los cincuenta y sesenta como *It, the terror from beyond* (1958), de Edward L. Cahn, *El enigma de otro mundo* (1951), de Christian Nyby, *Planet of blood* (1962), de Curtis Harrington, o *La invasión de los ladrones de cuerpos* (1956), de Don Siegel. Al mismo tiempo, parte de la literatura de John Wyndham y Richard Matheson, relatos en los que el terror interactúa junto a la ciencia-ficción, son un referente bastante más obvio que los cinematográficos, de los que regularmente se limita a recoger tan solo pequeños elementos aislados. No olvidemos que, en un principio, el escrito de O'Bannon era una especie de pantomima multirreferencial del género, más tarde reconvertida en historia de ciencia-ficción gótica en la que, sin duda, no hallábamos ningún atisbo de la guasa primitiva que el guionista tenía en mente.

Y es que, en realidad, el argumento de *Alien* varió ostensiblemente hasta que fue plasmado en celuloide. Sin ir más lejos, Ridley Scott quiso rodar otra versión de la visita al Nivel 426, ligeramente diferente de la que pudimos disfrutar definitivamente, pero la escasez de presupuesto se lo impidió. En ella, cuando la tormenta de arena que cubre el frío planeta desaparece, los tripulantes del Nostromo descubrían una pirámide que acababan escalando. Un voluntario entraba en ella y daba con una gigantesca cámara similar a una tumba, poblada de enormes estatuas y jeroglíficos que explicaban el ciclo de reproducción de los *aliens*. Allí, lógicamente, yacían los huevos extrate-

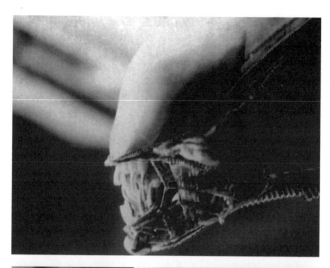

Las poderosas mandíbulas del alien.

rrestres a la espera del humano incauto de turno. Este argumento acentuaba el contraste entre las diferentes culturas de los *aliens*, humanos y el viajero estelar.

Con o sin la pirámide, el segmento del planetoide es crucial para el desarrollo de la película. Fue tarea de H. R. Giger imaginar la nave estrellada y el alienígena muerto. Según él mismo, su arte es biomecánico, mitad máquina, mitad humano. Pero a la vista del estilo del que hace gala, Giger va mucho más allá de esta simple etiqueta: la entrada de la nave abandonada posee evidentes implicaciones sexuales (el erotismo contra lo mecánico); aunque nada aparenta ser humano, todo lo parece. Es genialmente depravado.

La forma del viajero espacial nos inclina a pensar que está hecho de huesos, pero, a la vez, parece fundido al asiento en el que permanece fijo. No podemos discernir si su estado es debido al tiempo (¿fosilización?) o, simplemente, a que él era una parte orgánica de la nave. Por otro lado, su apariencia nos sugiere que, al contrario que el monstruo *alien*, es un ser benigno. Observar al octavo pasajero provoca náuseas y pavor, sin embargo, este marciano da buenas vibraciones.

Les Dilley y Roger Christian fueron los responsables de echar una mano a la hora de canalizar los desvaríos de Giger a la realidad. Pese a la delirante complejidad de sus dibujos, la confección no fue tan problemática como cabría esperar, ya que estuvo guiada por las manos del propio autor.

Seguidamente, el director de fotografía Derek Vanlint cuidó de que los monumentales decorados fuesen presentados en perfecta simbiosis con una serie de contrastes de luz que, al fin, ofrecían unas imágenes del planeta y la nave realmente hermosas.

Esta primera parte de la película, desde que la tripulación del Nostromo recibe la señal desconocida, hasta que Kane da a luz al bebé *alien*, resulta de una notabilidad y agudeza apabullantes. Mucho más, incluso, que la posterior parte, donde los pasajeros de la nave van cayendo a manos del monstruo en las escenas, sin duda alguna, menos acertadas de todo el film. Pero, aún con esto, los últimos minutos de la película, cuando Ripley acaba plantándole cara al *alien*, esta vez sí, la genialidad del principio retorna a través de un encadenamiento de planos vertiginosos (Ripley conectando el sistema de autodestrucción del Nostromo y corriendo hacia la nave de seguridad) y bellos (Ripley desnudándose para introducirse en el traje espacial en un lujurioso contrapicado en el que eleva su pierna y marca las sinuosidades de su sexualidad) a más no poder, que resuelven la trama dejando un sabor de boca ciertamente satisfactorio.

«QUIERO HUESOS»

Estas fueron las palabras exactas que H. R. Giger le soltó a la pobre secretaria de producción en el mismo momento en que este se incorporó al rodaje de *Alien*. Naturalmente, la pobre empleada, ignorante de las peculiaridades del reputado artista, quedó algo traspuesta tras tan siniestra petición...

Los huesos de rinocerontes, serpientes y, por supuesto, entes humanos fueron la base primordial de la labor de Giger. Sin ir más lejos, las paredes de la nave extraterrestre parecen estar compuestas de costillas, de carne. No en vano, la plastilina, la fibra de vidrio, la madera, el caucho y los antedichos huesos eran algunos de sus ingredientes favoritos a la hora de trabajar.

La entrada de Giger en la producción de *Alien* surgió a raíz del descontento causado por del monstruo perfilado por Cobb y compañía. Su forma no acababa de convencer a nadie y O'Bannon, que aún permanecía profundamente impresionado por el estilo de Giger, le mostró a Scott un ejemplar de su libro de pinturas *Necronomicon*, quizás la obra más célebre y turbadora del autor suizo, basada en la mitología del ilustre H. P. Lovecraft. El director, como es lógico, se quedó alucinado. Decididamente, el problema del *alien* se había solucionado: Giger lo diseñaría.

Ya hemos explicado líneas más arriba que Giger trabajó en el desarrollo de la nave extraterrestre, con lo cual, su colaboración no se limitó a la confección del monstruo. Giger desbarató los diseños de Cobb, sustituyéndolos por sus propias y fascinantes invenciones. No haber aprovechado sus asombrosas facultades para algo más que la creación del *alien* hubiera sido un lamentable error.

La imagen de Giger, un tipo que habitualmente viste de negro, de piel pálida y aspecto en general bastante desafiante y tétrico, removiendo huesos humanos no debió ser muy agradable para el resto del equipo de producción. Durante uno de los múltiples días de rodaje en el que el calor resultaba insoportable, todo el equipo probaba a sofocar el ardor del estío deshaciéndose de sus empapadas camisetas. Todos, excepto Giger, al que los demás intentaron desprender de sus vestimentas a la fuerza sin éxito alguno. Según declaran algunos de los implicados en esta tentativa de descamisamiento, temían que debajo de su ropa se ocultase un ser salido de los rincones más recónditos de cualquier mansión infernal del Arkham de Lovecraft.

Ciertamente, un tipo que cita como inspiraciones a Edgar Allan Poe, Miles Davis, John Coltrane, Elvis Presley (todos sospechábamos que los narcóticos que tanto agradaban al Rey se los pasaba el mismísimo Cthulhu), Frank Zappa y, por supuesto, el escritor H. P. Lovecraft, no debe andar demasiado centrado. Pese a todo, la verdadera inspiración de Giger, según asegura él mismo, procede de su interior, de sus propias pesadillas.

El *alien* que Giger diseñó poseía tres tamaños diferentes en los que, asimismo, su forma y constitución variaba de manera considerable. Estas versiones eran conocidas respectivamente por los nombres de «Face Hugger», «Chest Burger» y «Big Alien». La primera, correspondiente al embrión que contenían los huevos descubiertos en la nave extraterrestre, era una especie de araña ovoide con cola, ampliamente influenciada por la criatura de *Fiend without a face* (1958), de Arthur Crabtee. El plano de Ash examinando a un Kane amordazado por el «Face Hugger» es ciertamente memorable. La segunda, más cercana a un bichejo serpentiforme y cabezón, surgía del estómago de Kane en una escena ya legendaria en la historia del cine de terror, que ayudaría a fundir el cine gore con el comercial (tal como ocurriese en 1973 con la fabulosa *El exorcista*). Esta imagen, únicamente comparable en contundencia e impacto con el reventón craneal del *Scanners* (1980) de David Cronenberg, llegó a formar parte de la cabecera del inolvidable programa *Noche de lobos*, presentado por Joan Lluís Goas en Antena 3 hace ya unos años.

No tan impresionante como la anterior, pero también muy lograda, fue la escena correspondiente a la decapitación de Ash, asesorada por el prestigioso especialista en efectos especiales Colin Arthur (*La historia interminable*, *La grieta*). La pequeña vomitona de fluidos que la mollera decapitada de nuestro androide predilecto arroja tras volver a ser activada, indiscutiblemente, es toda una delicia del mal gusto.

Volviendo con el tema de las formas del *alien*, la tercera, la más compleja, adquiría una estructura cercana a la humana, pero provista de unas garras mortíferas, extensa cola, cabeza apepinada... Un ser insólito y estremecedor que el propio Ash definía como: «Un perfecto organismo. Su perfección estructural solo es igualada por su hostilidad. Admiro su pureza. Es un superviviente al que no afectan la conciencia, los remordimientos y las fantasías de moralidad».

Después de diseñarlo, únicamente faltaba alguien que se metiera debajo de su piel. Los productores probaron con actores, campeones de karate, artistas de mimo... incluso consideraron contratar a un modelo delgado y alto que dotara al monstruo protagonista de un porte y donaire inusual entre la población extraterrestre. Sin embargo, conocieron en Londres a Bolaji Badejo, un miembro de la tribu africana de los Masai de dos metros y pico de altura que estudiaba diseño gráfico en Inglaterra y se ajustaba a la perfección al modelo alienígena. Giger no tardaría en vestirlo de goma, látex y huesos.

Otro de los talentos puestos a la orden de Scott, Giger y allegados fue Carlo Rambaldi, la mano artesana culpable de poner en funcionamiento a los conseguidos engendros de *King Kong* (1976), de John Guillermin, *La posesión* (1981), de Andrzej Zulawski, o *Los ojos del gato* (1984), de Lewis Teague.

Nacido el 15 de septiembre de 1925 en Italia, Rambaldi se diplomó en la carrera de bellas artes y experimentó con diversos medios como la escultura, la pintura o la electromecánica. En *Alien*, el italiano dio un giro de 360 grados respecto a los benditos visitantes que dos años antes crease para *Encuentros en la tercera fase*. No obstante, en esta ocasión, su faena se limitó a plasmar las claras ideas de Giger, algo que tampoco pareció molestarle demasiado.

«Para recrear una criatura», —afirma Rambaldi— «me baso en indicaciones físicas y psicológicas de la gente para la que trabajo. En base a estos apuntes elaboro mis diseños para ver cual es el tipo de creación que más se acerca a lo que andamos buscando. Y después se

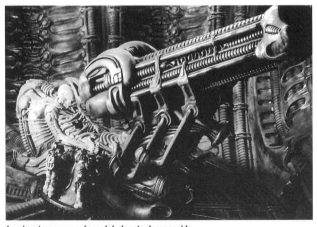

La gigantesca masa ósea del planeta desconocido.

hace la elección consultando con el director y el productor.» ¡Quién diría que el mismo encargado de dar vida al monstruo de *Alien* sería el culpable de que en 1982, *E. T. El extraterrestre* bebiese cerveza, gritase como un cochino jabalí y señalase con el dedo a una casa que nunca supimos donde localizar exactamente!

Rambaldi coincidía plenamente con la visión que Scott pretendía presentar de la criatura: «El *alien* no podía parecer agradable, debía ser una figura terrible, porque queríamos que el suspense fuese progresivo. Casi nunca mostramos el alienígena de cuerpo entero, solo lo dejábamos entrever. Bastaba con acentuar la música y los ruidos para hacer notar su presencia, logrando así un clímax continuo». Enmascarar, esconder la totalidad y mostrar exclusivamente lo esencial. El propio cartel de la película exhibía únicamente un huevo suspendido en el aire sobre una especie de redecilla de huesos. De esta manera, intentaba alejarse del abuso habitual de los carteles del cine de terror de la época, más decididos a mostrar tripas, sangre y aberraciones varias que a imaginar frases publicitarias tan inquietantes como la que rezaba la película de Scott: «En el espacio nadie podrá oír tus gritos».

Actualmente, el retoño belicoso de Giger y Rambaldi es un monstruo mítico del fantástico. Además, los efectos especiales de *Alien* obtuvieron ese año, como era de esperar, el premio de la academia. ¿Alguien llegó a dudar de que no se lo concederían?

UNA HEMBRA DE ARMAS TOMAR

Parte del éxito de *Alien* se basó en la autenticidad que exhalaban sus personajes principales. El cínico y hosco mecánico Brett y el bromista ingeniero Parker, magnífica y respectivamente interpretados por Harry Dean Stanton y Yaphet Kotto, eran el síntoma más tangible de este hecho: daban vida a dos chistosos y algo mezquinos currantes que compartían conversaciones de lo más ocurrentes. Desde el comienzo de la película, cuando la tripulación conoce el nuevo rumbo del Nostromo y su obligación de acudir en auxilio de la señal proveniente del planetoide, ambos personajes protestan insistentemente, exigiendo el aumento de su paga de manera inmediata. No en vano, la charla que mantienen con Ripley al aterrizar la nave en el Nivel 426 y sufrir una serie de desperfectos, es la evidencia más acertada de su entrañable carácter humano: Ripley les interroga acerca de la duración de las reparaciones y Brett hace lo mismo con Parker, a lo que este último responde a su compañero «dile que unas 17 horas». Brett, como todo trabajador que se precie, dispuesto a rendir lo menos posible, le comunica a Ripley «lo menos 25 horas». Toda una filigrana del escaqueo obrero más básico y terrenal.

Por otra parte, no tenemos constancia hasta muy avanzada la acción de quién es el verdadero protagonista. El primero en despertarse de la animación suspendida es Kane, quien, paradójicamente, también será el primero en morir. Sentados en la mesa, Kane informará de su cansancio a sus camaradas mediante una profética metáfora: «Me siento como muerto». ¿Predicción paranormal o simple coincidencia? Naturalmente, el desdichado personaje interpretado por John Hurt no era el protagonista, como tampoco lo era el arquetípico capitán Dallas, cuya actuación durante los primeros minutos del film parece preponderar. Ellen Ripley, que inicialmente solo abre la boca para recalcar el buen sabor del café, interrumpirá el multiprotagonismo preliminar conforme las muertes de los tripulantes se vayan sucediendo, tomando el mando y demostrando una serenidad y decisión que ya pudimos advertir en el momento en que logra traducir la transmisión alienígena. De tal forma, nos encontramos con un personaje principal de género femenino, pero con los suficientes arrestos como para vérselas con un *alien* de más de dos metros que ya ha masacrado a media docena de tipos. Algo, lógicamente, bastante inusual en un film de finales de los setenta y, además, de ciencia-ficción.

Del mismo modo y pese a la patente ambigüedad sexual de Ripley —más que pronunciada ante la preciosa y discreta sensualidad de Veronica Cartwright (Lambert)—, no podemos negar que la imagen de Sigourney Weaver encarada a un Ian Holm desatadísimo, en plena dicotomía entre lo humano (la sangre rojiza que brota de la nariz de ella) y lo robótico (el fluido blanquecino que cae de la frente de él), resulta primorosamente turbadora. Pese a todo, la Weaver, mantiene su condición cuasi masculina durante toda la película, y ni siquiera sus pucheros o el *striptease* final nos hacen olvidar ese constante sudor recorriendo su cara que resulta tan antiestético y poco delicado.

Para concluir, hay que nombrar, aunque solo sea de pasada, algunas de las secuencias que fueron recortadas del film (que originalmente duraba casi tres horas), tal es el caso de la muerte con pelos y señales del mecánico Brett (¡más gore, es la guerra!) o la aparición sorpresa de un huevo en la nave auxiliar del Nostromo al finalizar la película (lógicamente rechazada por ser demasiado vulgar).

La angustiosa última cena.

Con respecto a las diversas continuaciones de *Alien*, Ridley Scott pronto se desentendió de ellas: «Siempre es duro continuar una película de éxito. Particularmente en el caso de una película que está esencialmente conducida por un monstruo realmente terrorífico. Nunca puede causar tanto miedo en una secuela».

Después de *Alien* vino *Blade Runner*, otro ejercicio fantacientífico que también ha adquirido la categoría de culto de la que goza el anterior trabajo de Scott, y, posteriormente, una carrera poblada de desaciertos que demostraron que nunca fue la estrella absoluta de sus dos obras más interesantes, sino el simple catalizador de los talentos que pululaban a su alrededor.

La única esperanza en la que podemos refugiarnos los admiradores de *Alien* es que, quizás, si su director volviese a la ciencia-ficción algún día, podría volver a consumar otro largometraje de la talla de los mencionados. ¿Regresará? Él mismo intenta responder a dicho interrogante: «Creo que han abusado del género, y lo único que hay es ideas y guiones flojos que son conducidos por la tecnología antes que por la historia y los personajes. Sin embargo, cuando encuentre un buen guión, ciertamente regresaré al género». Que no tarde mucho.

capítulo 3

Ridley Scott,
el último replicante

Cartel de *Blade Runner*.

Harrison Ford,
desesperado
en *Blade runner*.

Las *strippers* que nunca
aparecieron en el primer montaje
de *Blade runner*.

Antes de ingresar en la nómina de la BBC británica como director y diseñador de producción, Ridley Scott destacó en la pintura y el diseño. Después de tres años con esta cadena se independizó al fundar su propia productora de cine publicitario. En la actualidad, ha hecho alrededor de dos mil anuncios y se ha hartado a ganar premios gracias a ellos. En 1977, dirigió *Los duelistas*, película que obtuvo el Premio Especial del jurado de Cannes. Basada en la novela corta de Joseph Conrad, *The Duel*, serializada entre enero y mayo de 1908 en la revista *The pall mall magazine*, narra la peculiar disputa personal entre Armand D'Hubert (Keith Carradine) y Gabriel Feraud (Harvey Keitel), dos húsares en plena guerra napoleónica sujetos a un estricto código de honor que les enfrenta a lo largo de los años. De estética perfecta, muy similar a la del *Barry Lindon*, de Stanley Kubrick, resultaba bastante vacía y superficial, pese a la presencia de dos actores tan competentes como Carradine y Keitel.

En 1983 fundó su propia productora de cine, Pency Main Productions, junto a su hermano Tony Scott (*El ansia*, *Amor a quemarropa*) y, más recientemente, la compañía inglesa de posproducción The Mill Digital Film Company, dedicada a ofrecer los mejores efectos especiales fuera de Hollywood. En la actualidad, es un director acreditado e influyente cuyas obras suelen funcionar bastante bien en la taquilla. Sin embargo, el siguiente y somero repaso a su filmografía nos demostrará que, en la mayoría de las veces, la comercialidad de sus films no anda pareja con la calidad.

UNA BRILLANTE MIRADA AL FUTURO

«El productor Michael Deely,» —dice Scott—, «me pasó el guión de *Blade Runner* en el momento en que estaba finalizando *Alien*. Cuando lo leía pensaba que era muy interesante, pero tampoco quería hacer ciencia-ficción de nuevo. Entonces, cuando estaba preparando un nuevo proyecto, el guión de *Blade Runner* volvió a mi mente. Me consolé pensando que no era exactamente ciencia-ficción, sino una especie de film contemporáneo en el que coincidían varios géneros, y telefoneé a Deely».

Después del éxito de *Alien*, Ridley Scott se había convertido en el director de moda y, aunque volver de nuevo al género que lo había lanzado a la fama era lo último que quería hacer, la novela de Philip K. Dick, *¿Sueñan los androides con ovejas eléctricas?*, le convenció del todo, ya que poseía la potencia necesaria para satisfacer las expectativas que se habían creado alrededor de su próximo largometraje.

El guionista Hampton Fancher había comprado los derechos del libro de Dick y había tardado diez años en poner en marcha el proyecto de adaptarlo a la gran pantalla. El triunfo económico de films como *La guerra de las galaxias* le ayudó en su cometido. Sin embargo, el puñetero Scott parecía desear que la vida del guionista se convirtiese en lo más parecido a un calvario, puesto que le obligó a reescribir el guión seis veces. El apaleado Fancher acabó abandonándose a la desesperación y optó por aceptar la ayuda de otro profesional, David Webb Peoples, culpable de los guiones de *Héroe por accidente* y *Sin perdón*.

El rodaje tardó 17 semanas en finalizar, pese a que el volumen total de la producción se extendió hasta los 18 meses, con un coste final de 20 millones de dólares. En un principio, Dustin Hoffman podría haber protagonizado *Blade Runner*, pero fue Harrison Ford, en la cresta de la ola gracias a *La guerra de las galaxias* y *En busca del arca perdida* (1981), el responsable de encarnar a Deckard, el antihéroe *cyberpunk* por excelencia.

La historia, situada en Los Ángeles durante el año 2019, nos propone una visión atormentada y oscura del futuro, donde la población huye a las colonias situadas fuera de la Tierra y el resto intenta sobrevivir en un mundo corrompido y contaminado, repleto de ciudades dominadas por inmensas señales de neón y gigantescos rascacielos.

Rick Deckard es un Blade Runner retirado. En el pasado fue el mejor cazador y asesino de replicantes (androides genéticos fabricados para servir a la humanidad) y, ahora, ha vuelto al servicio para resolver un caso especial: retirar a cuatro replicantes (dos de ellos son los esculturales y carismáticos Rutger Hauer y Daryl Hannah) que han escapado de las colonias exteriores y pretenden conocer a su inventor para que les alargue la vida (cuatro años).

El asunto se complica cuando Deckard conoce a Rachel (Sean Young, más sensual y acertada que nunca), una replicante experimental que desconoce su propia condición robótica, y que conquista el corazoncito del tormentoso poli.

Tras su estreno, *Blade Runner* no recaudó suficientes beneficios como para cubrir gastos, hasta que llegó la hora de la explotación videográfica, la cual propició jugosos dividendos a la Warner.

En 1987, se encontró accidentalmente en los archivos de la productora una copia de trabajo de 70 mm. del largometraje algo diferente a la estrenada comercialmente. Esta no tardaría en ser presentada como el montaje del director, obteniendo una respuesta por parte de la afición (para entonces, *Blade Runner* ya era una película de culto) totalmente positiva. Las diferencias con respecto a la versión original estriban en la ausencia de la voz en *off*, un diferente empleo de la música, una mayor interacción entre Deckard y Rachel, un final infeliz y un sueño del protagonista que nos hace suponer que él también es un replicante.

Piedra angular del cine fantástico contemporáneo, *Blade Runner* ha originado una estética (*El quinto elemento*, *Johnny Mnemonic*, *Doce monos*, etc.) que comulga con las características del *cyber-punk*. Su atractivo, amén de los esenciales diseños de Syd Mead y los insuperables efectos especiales de Douglas Trumbull (*2001: Una odisea del espacio*), reside en su tono de novela negra (Raymond Chandler), en la habilidosa metáfora filosófica sobre la vida, la muerte y la soledad que nos expone, en su carácter pesimista, en su irreprochable fotografía, en su sublime banda sonora (Vangelis) y, finalmente, en la audacia que supone el barruntar todos estos elementos en una misma obra y lograr que el producto sea tan dosificado y poco dado a los excesos como el film de Scott.

LA BELLA Y LA BESTIA

«No es una película del futuro o del pasado. Tampoco es una historia del presente. El conflicto entre la oscuridad y la luz ha estado con nosotros desde la creación y permanecerá junto a nosotros a través de la eternidad.»

Después de que sus anteriores películas fundamentaran su atractivo sobre ambientes ásperos y oscuros, Scott determinó orientar su siguiente trabajo hacia un público más familiar.

Cuando estaba dirigiendo *Los duelistas*, Scott ambicionaba realizar una película mitológica, una suerte de cuento legendario. Lo intentó con *Tristán e Isolda*, pero acabó abandonando el proyecto en favor del guión de Dan O'Bannon. Posteriormente, retomó la idea, ansioso por relatar algo tan simple como una fábula ambientada en el folclore del norte de Europa, atestada de hadas, *trolls*, gnomos y *goblins* y centrada en el clásico conflicto entre luz y oscuridad.

Legend of darkness, tal como fue primitivamente titulado el guión de *Legend*, fue escrito por William Hjortsberg, conocido por ser el autor de la novela *Falling angel*, más tarde traspasada al celuloide de la mano de Alan Parker en *El corazón del ángel*.

Scott y Hjortsberg trabajaron codo con codo durante varios meses hasta materializar una historia que evocaba el espíritu de la narración infantil *La bella durmiente*, ribeteado con omnipresentes dosis de influencias bíblicas y conceptos cristianos como el de la tentación, el pecado, el perdón y la redención, todos explorados, de una u otra forma, en *Legend*.

La primera versión del guión de Hjortsberg no dudaba en ocultar un tono declaradamente desabrido y de pesadilla que, incluso, contenía una escena de sexo entre Lili y el Señor de las Tinieblas que, debido al afán de Scott de elaborar una película para todos los públicos, nunca fue rodada. La tentación de Lili, como es lógico, tuvo que ser mostrada de una manera mucho más refinada.

Adyacente a la espiritualidad de la naturaleza en la que el film de Scott nos introduce, el símbolo de la pureza era representado por el unicornio, animal imaginario que puede ser encontrado en varios escritos medievales alegóricos como una imagen de Jesucristo. Contrariamente, la máxima representación del mal es el ángel caído, un demonio rojizo dotado de una inmensa cornamenta negra al que da vida el versátil Tim Curry (*The Rocky horror picture show*, *It*). Su antagonista es Jack, el habitante del bosque, mezcla de Rey Arturo y Peter Pan, interpretado por el entonces jovencísimo Tom Cruise. Lili, la princesa enamorada de Jack y secuestrada por el mal, posee el rostro de la exquisita Mia Sara. Sin embargo, David Bennent, eternamente recordado por el espectador por su brillante Oscar de *El tambor de hojalata*, de Volker Schlondorff, es, quizás, el personaje que más resalta, una especie de duendecillo secundario sospechosamente similar al Puck de *Una noche de verano*.

Como en toda película de Scott que se precie, los problemas a la hora de concretar el montaje emergieron rápidamente: el montaje final, de 125 minutos de duración, fue reducido por el director y su habitual colaborador Terry Rawlings hasta los 113 minutos que ellos estimaron apropiados, pero el distribuidor insistió en recortar más, quedándose en los 95 minutos escasos que inauguraron la Mostra de Venecia en 1985.

Legend, sin ser ninguna obra maestra, es una curiosa revisión del mito de *La bella y la bestia*, evidentemente inspirada en la película del mismo título de Jean Cocteau, y provista de una implícita carga de envilecimiento de los cuentos infantiles de toda la vida.

THRILLERS DE DISEÑO, FEMINISMO Y LA CONQUISTA DEL PARAÍSO

Mientras la década de los ochenta tocaba a su fin, Ridley Scott se entretenía en perpetrar *thrillers* de diseño con consecuencias bastante desastrosas.

La sombra del testigo (1987) contaba la historia de Claire Gregory (Mimi Rogers), testigo de un asesinato cuyo culpable lograba huir. El detective Mike Keegan (Tom Berenger) protegería a Claire y, de paso, se enamoraría de ella, arriesgando así su matrimonio. Completaba el reparto la estupenda Lorraine Bracco y, curiosamente, el singular Andreas Katsulas —actualmente en su mejor momento artístico, gracias a su logrado papel como embajador extraterrestre en la teleserie de culto *Babylon 5*—, desempeñaba un papel secundario bastante trascendente.

Black Rain (1989), por su parte, servía para ratificarnos la pobreza interpretativa de Michael Douglas, en plena pose de detective machote sobrepasado por las confabulaciones de la mafia japonesa. Ambas, definitivamente, no merecen excesivos comentarios debido a su patente vulgaridad.

Con *Thelma and Louise* (1991), Scott decidió volver a cambiar de registro. Además de ser una *road movie* moderna, estaba protagonizada por dos mujeres, Susan Sarandon y Geena Davis, ambas, efectivamente, como la copa de un pino. A partir de un guión de Callie Khouri, hasta entonces productora de vídeo-clips musicales, se nos narra la historia de dos amigas, la una, Thelma (Davis), joven, algo ingenua y harta de su marido machista; la otra, Louise (Sarandon), madura, osada y harta de los continuos desplantes de su novio. Las dos escaparán durante un fin de semana en el que acabarán con la vida

Thelma y Louise: las chicas son guerreras.

de un tipo que intenta violar a Thelma. En consecuencia, su periplo se convertirá en una huida constante que, de nuevo, y como viene siendo habitual en la obra de Scott, posee un significado global, constituye un símbolo feminista de saldo en el que dos mujeres lograban desatar las ligaduras de una sociedad que las atenazaba, liberándose, aunque tal libertad fuese tan fugaz como un viaje por el territorio estadounidense de Utah.

La película, una de las grandes perdedoras en la edición de los Oscars de 1991, quedó eclipsada por la superioridad de *El silencio de los corderos* y tan solo obtuvo una de las cinco estatuillas a las que estaba nominada: la de mejor guión original.

Pese a la ruborosa estulticia que desprenden algunos fragmentos de su guión y el feminismo de segunda fila que envuelve toda la trama, *Thelma y Louise* es una película dirigida con buen pulso, de ritmo incesante, y que sustenta gran parte de su encanto en la sugerente madurez de Susan Sarandon y la voluptuosa inocencia de Geena Davis. No obstante, sigue siendo un film menor y, por momentos, bas-

Geena Davis se vuelve traviesa en *Thelma y Louise*.

tante lamentable.

   Coincidiendo con el quinto centenario, Scott dedicó dos años de su vida a empaparse de historia y a preparar el rodaje de un largometraje que tendría de fondo escenarios españoles como Cáceres o Granada. *1492, la conquista del paraíso* (1992), con Gérard Depardieu (Cristóbal Colón) y Sigourney Weaver (Reina Isabel), desmenuza torpemente las peripecias del descubridor de América, sus enfrentamientos con la administración, la corona y la aristocracia española. Visualmente agraciada, pero simplona y calamitosa, no se salvan ni la Weaver ni el galo Depardieu.

DE TORMENTAS BLANCAS, TERRORES CATÓDICOS Y ÚLTIMOS PROYECTOS

En 1996, Ridley ensuciaba su carrera cinematográfica más si cabe dirigiendo y asumiendo la producción ejecutiva de *Tormenta blanca*, un guión de Todd Robinson protagonizado por Jeff Bridges (*Los fabulosos Baker Boys*), Scott Wolf (*Doble dragón*, *Party of Five*), Balthazar Getty (*Juez Dredd*, *El señor de las moscas*), Jeremy Sisto (*Clueless*) y Ethan Membry (*The Wonders*), entre otros.

Algo así como *El club de los poetas muertos* subidos en un barco, *Tormenta blanca* es otro producto de Scott ciertamente infame, basado en la historia real del Albatross, un barco dirigido por trece jóvenes estudiantes de la Ocean Academy, escuela marina de la que Christopher Sheldon (Bridges) es el capitán, que sufrió las consecuencias de una tormenta que se llevó por delante a cuatro estudiantes y dos miembros de la tripulación, incluida la esposa de Sheldon (Caroline Goodall). La recreación ficticia de esta secuencia, emocionante a más no poder, es, probablemente, una de las pocas salvables de una película colmada de soterradas insinuaciones homoeróticas de muy mal rollo.

El final del milenio supone la entrada oficial en la producción para la pequeña pantalla de Ridley Scott, junto a su querido hermano Tony, con *The hunger*, emitida en los USA desde marzo de 1997 a través del canal Showtime.

The hunger es una serie de relatos de terror sofisticado muy al estilo de *Cuentos de la cripta* y similares, cuyo primer capítulo, originado a raíz de una historia corta de F. Paul Wilson, se llama «Menage a trois» y está dirigido por Jake Scot, una versión juvenil de su propio progenitor que ha sabido aprovechar el prestigio familar y ha logrado hacerse un nombre dentro del mundo del rock más trotón, dirigiendo múltiples vídeo-clips para gente como The Cranberries, Oasis o Smashing Pumpkins.

El total de la primera temporada de *The hunger* está constituido por diecinueve episodios desarrollados por los Scott junto a Jeff Fazio, un escritor que aportó el concepto original de la serie hace tres años. Los tres juntitos, pretenden dotar a su creación de una dosis mayor de erotismo de lo habitual en el mundillo de la caja tonta, y aprovechar el tirón de los seriales catódicos fantásticos originados a partir de *Expediente X* para explorar el género de muy diversas formas.

- -

Para concluir, lo último que sabemos acerca de los planes de Scott con respecto a su próxima película, es que podría llamarse *RKO 281* y trataría acerca del rodaje de la legendaria película de Orson Welles, *Ciudadano Kane*. La filmación de este clásico del séptimo arte estuvo rodeada de polémica, ya que su protagonista, Charles Foster Kane, despertó la ira del magnate de los media William Randolph Hearst, quien, según aseguraba él mismo, estaba basado en su persona y ensuciaba su intachable reputación. Hearst inició una campaña de desacreditación de la película, pero, sin embargo, la academia la premió con nueve estatuillas.

los actores

· ·

Sigourney Weaver.

Tom Skerritt.

SIGOURNEY WEAVER, *Ripley*

Nacida el 8 de octubre de 1949 en Nueva York, Susan Alexander Weaver estuvo a punto de ser bautizada con el nombre de Flavia debido a un capricho de su padre, el presidente de la NBC, Sylvester Weaver, auténtico fanático de la historia romana.

A los catorce años, la mujercita de los Weaver decidió comenzar su propia revolución y, en lugar de prender fuego a su imperceptible sujetador, se cambió el nombre: después de leer *El gran Gatsby*, tomó la decisión de adoptar el de uno de sus personajes secundarios, Sigourney.

Poco antes de emprender su carrera en el cine, estudió en la universidad de Stanford y fue alumna de la escuela dramática de Yale, al igual que otros como Meryl Streep, Charles Dutton o Paul Newman.

A partir de 1973, se pateó los escenarios de numerosos teatros norteamericanos durante cinco años, curtiéndose como actriz y adquiriendo un afecto hacia las candilejas aún hoy en día vigente. Hace apenas dos años, los más afortunados tuvieron la suerte de verla protagonizando en Broadway (cómo no) la obra *Sex and longing*.

En 1977 debutó en el cine mediante un pequeño papel en la magistral *Annie Hall* de Woody Allen, a lo que siguió el personaje principal de *Alien*, la película que la lanzaría a la fama y que, en la actualidad, recuerda con estas palabras: «Cuando empecé en el cine era una esnob de cuidado. Lo último que quería hacer era una película de ciencia-ficción. Claro que entonces no hicimos *Alien* con la intención de hacer secuelas ni nada. Si tienes la suerte de encontrar algo que puede inspirar varias historias, como es el caso de la serie *Alien*, es estupendo, pero no deja de ser un accidente».

Después de encarnar a la teniente Ellen Ripley, la Weaver ha demostrado repetidamente que es capaz de alcanzar todo tipo de registros en cualquier tipo de película: una sensual y delicada fémina en *Cazafantasmas* (1984) y *Cazafantasmas 2* (1989), de Ivan

Reitman; una psicótica desquiciada en *Copycat* (1995), de Jon Amiel; y, de nuevo, una mujer acerada y valerosa en *Gorilas en la niebla* (1988), de Michael Apted.

«Es extraño que alguien a quien llegaron a describir como una versión moderna de Katherine Hepburn tenga ahora la imagen de un Harrison Ford con faldas.» Efectivamente, a los ojos de muchos, *Alien* y sus secuelas han acabado convirtiendo a Sigourney Weaver en la imagen de su personaje, algo totalmente injusto y equivocado, vista su dilatada y heterogénea filmografía. Comedias y dramas como *El año que vivimos peligrosamente* (1982), de Peter Weir, *La calle de la media luna* (1986), de Bob Swain, *Armas de mujer* (1988), de Mike Nichols, o *Dave, presidente por un día* (1993), de Ivan Reitman, la sitúan como una de las grandes actrices de Hollywood, capaz de cobrar más de diez millones de dólares por una nueva continuación de *Alien* o de rebajar su abultado *caché* cuando la calidad y la satisfacción personal se anteponen a la simple actuación. No nos equivoquemos, la amiga Sigourney no es ninguna samaritana y tampoco posee una carrera inmaculada, pero sus últimos trabajos, *La muerte y la doncella* (1994), de Roman Polanski, y *Ice Storm* (1996), de Ang Lee, son ejemplos más que evidentes de una mayor apuesta por la calidad.

En 1992, Ridley Scott volvió a dirigirla en *1492: la conquista del paraíso* bajo circunstancias bastante diferentes a las de *Alien*. Ni la calidad, ni el género del film se repetían. Además, la actriz desempeñaba un rol secundario que, ciertamente, no daba mucho de sí.

En la actualidad, Sigourney Weaver está casada desde hace más de diez años con el director teatral Jim Simpson y es madre de una niña. Aunque el premio de la academia se le resista, ha sido candidata en varias ocasiones por sus interpretaciones en *Aliens*, *Gorilas en la niebla* o *Armas de mujer*. Seguramente, no tardará demasiado en obtenerlo. Al tiempo.

TOM SKERRITT, *Dallas*

Desde que se estrenara en los entresijos del séptimo arte junto a Robert Redford en *War hunt*, Tom Skerritt ha aparecido en más de 35 películas. Un vistazo a algunas de ellas (*MASH*, *Top gun*, *Poltergeist III*, *Magnolias de acero*) presentan una carrera en el cine tirando a mediocre.

La pequeña pantalla ha sido el refugio ideal para Skerritt, quien obtuvo el premio Emmy por su acertado papel en la aclamada serie de la CBS, *Picket Fences*. En este hijo bastardo y descafeinado de *Twin peaks*, Skerritt interpretó al Sheriff Jimmy Brock durante cuatro temporadas, logrando desarrollar un simpático personaje que cautivó a la audiencia. También dentro del mundo de las 625 líneas, cabe destacar el interesante arco argumental de seis episodios de *Cheers* en el que Skerritt participó, así como su más reciente intromisión tras las cámaras en la película para la televisión por cable *Divided by hate*.

Recientemente, ha vuelto a coincidir con su compañero en *Alien*, John Hurt, gracias al film dirigido por Robert Zemeckis, *Contact*. En esta nueva incursión del director de *Regreso al futuro* en el género fantástico, Skerritt se calza los zapatos de un científico chovinista inmiscuido en un posible contacto con seres venidos del espacio exterior.

El careto del tío Tom también se ha hecho familiar para el público estadounidense debido a que, al igual que la rotunda y malparada modelo Anne-Nicole Smith, ha participado en varias campañas de publicidad para los vaqueros Guess?, prenda de vestir bastante popular en los USA.

VERONICA CARTWRIGHT, *Lambert*

Actriz precoz, casi niña prodigio, ganadora de un Emmy en 1963 por *Tell me not in mournful numbers*. Ella era la hermana pequeña de Rod Taylor en el excelso divertimento de Alfred Hitchcock, *Los pájaros*, y una de las hijas de Fess Parker en la legendaria teleserie *Daniel Boone*.

Veronica Cartwright, adorable rubia de ademán frágil e inteligente, debía ser, originalmente, la actriz que diese vida a Ellen Ripley en *Alien*. Pero no. Sigourney Weaver se quedó con su personaje y, muy posiblemente, con la fama que pudo haberse adjudicado la bien parecida Cartwright.

Lo que es seguro, es que, al que firma estas líneas, Lambert le ponía mucho más que Ripley: verla fumar durante el almuerzo era una verdadera delicia.

Pese a todo, la carrera profesional de la actriz

ha sido bastante limitada. Aparte de su intervención en la película de Scott, ha hecho acto de presencia, de una u otra forma, en películas del género como *Las brujas de Eastwick*, *El vuelo del navegante*, *Pesadillas*, *La invasión de los ladrones de cuerpos* o *Candyman 2*.

En televisión, tuvo un personaje recurrente en la estupenda serie de Steven Bochco, *La ley de los Ángeles*, y ha protagonizado múltiples telefilmes como *Dead in the water*, *Hitler's daughter* o *La tragedia de Guyana*.

En teatro se la ha podido ver en producciones como *Electra*, *Butterflies are Free* y *The Hands of its Enemy*, entre otras.

HARRY DEAN STANTON, *Brett*

Harry ha corrido mucho mundo. Es un actor poseedor de un rostro encallecido que revela su sabio cinismo y su rematada profesionalidad.

Nacido en 1926 (ya no es un chaval) se inició en esto del cine con *westerns* y películas de aventuras como *El rebelde orgulloso* (1958), de Michael Curtiz, *A través del huracán* (1967), de Monte Hellman, o *Dillinger* (1973), de John Millius.

Ha coqueteado en varias ocasiones con el fantástico, consiguiendo

resultados tan aceptables como *Christine* (1983), de John Carpenter, y *Amanecer rojo* (1984), de John Millius, o genuinas películas de culto del estilo del *Repo man* (1983), de Alex Cox.

En 1984 protagonizó *París, Texas* (1984), de Win Wenders. Su labor en este film independiente supuso un pequeño relanzamiento de su por entonces improductiva carrera cinematográfica. De este modo, logró colarse en producciones del calibre de *La última tentación de Jesucristo* (1988), de Martin Scorsese, o *La cuarta guerra* (1990), de John Frankenheimer. A su vez, el sobresaliente David Lynch acabó adoptándolo como uno de sus nuevos actores fetiche, introduciéndolo en *Corazón salvaje* (1990), la catódica *Hotel room* (1992) y la incomprendida *Twin peaks: fire walk with me* (1992).

Más recientemente, lo hemos podido ver junto a la siempre espléndida Virginia Madsen en *Blue tiger* (1994), una discreta cinta sobre gángsters nipones directamente estrenada en nuestro país a través del videoclub.

Al margen del mundo del celuloide, Harry Dean Stanton lidera un grupo llamado The Harry Dean Stanton Band —en el que canta y toca la guitarra—, que normalmente actúa alrededor de la zona de Los Ángeles. Tocan una mezcla cachonda de jazz y pop, conjuntado con canciones tejanas y mejicanas.

JOHN HURT, *Kane*

Los quehaceres de John Hurt, tanto en cine como en televisión, han sido alabados por la crítica de Estados Unidos y Europa. Después de dieciséis años consagrado a las pantallas británicas, Hurt provocó una

reacción muy entusiasta entre el público norteamericano al ser candidato al Oscar y obtener el Globo de Oro por su excelente papel en *El expreso de medianoche*, de Alan Parker. Dos años después, Hurt volvió a ser designado candidato por la Academia, gracias a su insuperable interpretación de John Merrick en el talentoso largometraje de David Lynch, *El hombre elefante*.

Hurt ha participado en más de cuarenta películas, tal es el caso de *Escándalo*, *Reto al destino*, *Rob Roy: La pasión de un rebelde*, *El prado* o *Wild Bill*. Últimamente, siguiendo la estela establecida tras su colaboración con Gus Van Sant en *Ellas también se deprimen* (1993), se ha brindado a sí mismo para protagonizar films independientes como *Love and Death on Long Island*, *Brute* y *The climb*. Sin embargo, su apuesta por el cine de bajo presupuesto no es óbice para que también intervenga en superproducciones del estilo del *Contact* de Robert Zemeckis.

En lo que respecta a la televisión, fue uno de los encargados de obsequiar a la historia del tubo catódico con un clásico de la talla de *Yo, Claudio*, magistral miniserie en la que Hurt se atrevía con el mismísimo Calígula. Su interpretación del depravado emperador, como es normal, fue de las que hacen historia.

IAN HOLM, *Ash*

Su lograda labor como actor secundario en *Carros de fuego*, estuvo a punto de reportarle una flamante estatuilla dorada de la academia en 1981. Y, aunque se lo mereciese, Holm, un intérprete de calidad con una sólida base teatral a sus espaldas al que hemos podido ver en producciones tan honestas y acertadas como *Robin y Marian*, *Greystoke*, *Otra mujer* o *Brazil*, tuvo que conformarse con el sincero y merecidísimo aplauso del público.

Nacido en Londres, Ian Holm comenzó su carrera con la Stratford (después Royal Shakespeare) Company a mediados de la década de los 50. En 1964, obtuvo muy buenas críticas por su papel teatral en *Enrique V*, y, tres años después, ganó un premio Tony por su actuación en la producción teatral de Harold Pinter, The homecoming.

En 1996, protagonizó con sonoro éxito de crítica y público el legendario texto de William Shakespeare, *El rey Lear*. No en vano, Holm es uno de los actores shakespe-rianos más importantes del momento. Buena prueba de ello es la confianza que en él ha depositado el prestigioso director Kenneth Branagh, que ha contado con su presencia en sus producciones de época, a saber: *Enrique V*, *Frankenstein* y *Hamlet*.

Algunas de sus apariciones catódicas más célebres han tenido lugar en la serie de la BBC, *The Borrowers*, coprotagonizada por su esposa, la también actriz, Penelope Wilton, o en la evangélica *Jesús de Nazaret*.

YAPHET KOTTO, *Parker*

Yaphet Kotto nació y creció en la ciudad de Nueva York, lugar donde comenzó a estudiar la profesión a los dieciséis años a través del Actor's Mobile Theatre Studio. A los diecinueve pisó por primera vez un escenario para interpretar *Otelo* y continuó recorriéndolos hasta que los primeros papeles cinematográficos fueron cayéndole en las manos.

Amén de *Alien*, sus créditos para la pantalla grande incluyen títulos como *Brubaker* o *Vive y deja morir*. También se ha vuelto a introducir en el fantástico con películas como *The Puppet Masters* (1994), una adaptación de una novela de Robert A. Heinlein junto a Donald Sutherland, *Pesadilla final. La muerte de Freddie* (1991), la quinta secuela de la serie, o *The Virgin*, film de terror que él mismo ha dirigido, producido y protagonizado.

En televisión, Kotto se ha hecho un nombre a base de intervenir en decenas de telefilmes y seriales del estilo de *Bonanza*, *Raíces*, *Se ha escrito un crimen*, *Alfred Hitchcock presenta*, *Canción triste de Hill Street* o *El equipo-A*.

Pero, no obstante, la teleserie que le ha lanzado definitivamente a la fama es *Homicidio*, producida por el director de cine Barry

«Despertares» Levinson y parcialmente emitida por Antena 3 en nuestro país. En *Homicidio*, una serie excelente en la que confluyen la solidez de los personajes de *Urgencias* y la verosimilitud y dureza de *Policías de Nueva York*, Kotto da vida al teniente Al Giardello, un rol que le ha acarreado fama y credibilidad artística a más no poder.

Además de actuar, Kotto ha publicado un libro, su autobiografía, *The Royalty*, en la que ha indagado acerca de su pasado, y, hace poco, ha terminado de escribir otro titulado *The second coming of Christ*.

Alien 3.

Dos imágenes de *Aliens, el regreso.*

«Creo que la película de James Cameron fue una excelente obra de acción, pero no de terror. Es muy complicado hacer *El exorcista II*. ¿Lo comprendes? Creo que lo que van a tener que hacer en *Alien 4*, es reinventarlo todo. Algo nuevo. Porque creo que David Fincher lo tuvo bastante difícil en la tercera parte. Él es muy eficiente, creativo y todo lo demás, pero aún estaba dentro del viejo *Alien*.»

Ridley Scott

ALIENS, EL REGRESO

«Todo lo que dijeron fue: Ripley y soldados. No me dieron nada más específico sobre lo que trabajar, tan solo esa idea: debían regresar, ella y unos cuantos militares al planeta.»

Ni era tan difícil, ni James Cameron era tan negado como para no hacer realidad el simple esquema argumental propuesto por los muchachos de la Brandywine. Por lo tanto, satisfacer las peticiones de los capos de la 20th Century Fox era una tarea menos complicada de lo que cabría suponer. No obstante, lo que no iba a resultar tan sencillo era igualar las excelencias conseguidas por el legendario film de Ridley Scott. Ya habían pasado siete años desde el estreno de *Alien* y, lógicamente, este había adquirido una merecida categoría de film de culto entre los múltiples aficionados al género.

Cameron, que iba para físico y condujo camiones antes de ganarse la vida con esto del cine, tuvo su primera experiencia seria con el medio a través de un intento frustrado de largometraje patrocinado por un grupo de dentistas chalados. De ahí a engrosar en las filas de la factoría de Roger Corman —donde se encargaría, entre otras labores, de la dirección artística de la entretenidísima *Los siete magníficos del espacio*— no pasó demasiado tiempo. Al lado del viejo maestro de la serie B aprendió todas las trampas y ardides de la profesión, adquiriendo un bagaje cinematográfico que, según él, no podría haber logrado haciendo películas de mayor presupuesto.

Después de encargarse de la dirección de la malograda *Piraña 2* (1983) (el productor italiano le robó su puesto a mitad del rodaje) y de presentarse en sociedad con su proyecto más personal, la excelente *Terminator* (1984), Cameron aceptó la propuesta de la Fox para dirigir la continuación de *Alien*.

La historia de esta segunda parte, escrita al alimón por el sempiterno tándem formado por los productores David Giler y Walter Hill, y el propio Cameron, fue desarrollada en forma de guión por este último.

Debido a un error de navegación, la nave de auxilio del carguero Nostromo no será rescatada y llevada a una estación espacial cercana a la tierra hasta 57 años después de los acontecimientos ocurridos en la primera parte. La Compañía, como es natural, no hará caso a las chocantes confesiones de Ripley acerca del ente extraterrestre que asesinó a todos sus acompañantes de viaje. Sin embargo, cuando se pierde toda comunicación con la colonia de ingenieros planetarios que desde hace más de veinte años trabajan en el Nivel 426, La Compañía enviará un grupo de marines a los que Ripley se unirá como consejera, y no precisamente en materia sentimental...

En Acheron (así se ha bautizado a la susodicha colonia), descubrirán que todos los trabajadores han sido eliminados o incubados por los *aliens*. Todos, a excepción de la pequeña Newt (Carrie Henn), una niña traumatizada por los acontecimientos vividos (toda su familia ha muerto a manos de los *aliens*), cuya presencia evoca algunas escenas del clásico de la ciencia-ficción cinematográfica *La humanidad en peligro*. En medio de este desastre, las batallas campales contra los fastidiosos monstruos, las traiciones y los contratiempos complicarán la misión cosa mala.

Cuando Ridley Scott realizó *Alien*, declararía: «He evitado especular sobre el monstruo; quiero decir, de dónde viene y lo que simboliza... si algún día hay una continuación del film, el realizador deberá responder necesariamente a estas preguntas, lo que, en principio, será algo fascinante». Cameron no desveló todas las incógnitas originadas alrededor de la figura de la criatura protagonista, aunque quizás algunas de las más importantes, las concernientes a su origen, anteriormente revelado en una de las escenas suprimidas de la primera parte (¡los cuerpos de las víctimas se convertían en huevos!), eran, finalmente, descritas con todo detalle. Como si de la progenitora de la mismísima abeja Maya se tratase, existía una madre *alien* que ponía los huevos por cuenta propia. Así de sencillo. Pese a todo, los interrogantes acerca de la existencia de tan salvaje raza permanecen, en buena parte, en el aire. Los responsables de las nuevas aportaciones artísticas de *Aliens* no gozaron de las enfermizas cualidades del apreciado H. R. Giger, ya que el suizo se encontraba por entonces inmiscuido en la realización de otra secuela, *Poltergeist 2*, y, desgraciadamente, nadie se molestó en incluirlo en el proyecto. Stan Winston, el singular mago de los *animatronics*, puso a dar brincos a todos los *aliens*, mientras que Ron Cobb repetía en los diseños junto a otro experto del ramo, Syd Mead. El buen hacer de uno de los máximos causantes de la innovadora estética de *Blade Runner* se hizo de notar en las naves militares de la película. Pero nada más.

Para la elaboración de *Aliens*, el director de *Abyss* contó con la inestimable ayuda de su primera mujer, Gale Anne Hurd, productora y coguionista de *Terminator*. Ambos afianzaron el poderío femenino que residía en Ripley —escuetamente apuntado en la primera parte— transformando a Sigourney Weaver en otra de las superhembras distintivas de su director, al más puro estilo de la Linda Hamilton de *Terminator 2*.

Cameron resume sus particulares filias mujeriles de manera bastante sincera: «Solo me siento bien con mujeres que puedo respetar, que se pueden apoyar en su propia personalidad, que tienen esa clase de fortaleza de carácter. Y pienso que traslado esto a las mujeres que concibo para mis películas. No creo que la fuerza de carácter, el coraje y el valor sean necesariamente atributos masculinos. Es bonito que las mujeres respondan a ese tipo de carácter. Una película de mujeres no debe ser siempre como *Magnolias de acero*, por ejemplo». Cameron disfruta con las chicas temperamentales. Algo que, por otro lado, el crítico Albert Solé[1] interpretaba de forma distinta: «Ripley, lamentablemente, es un hermoso marimacho que desempeña el papel de un macho y el pegote de amor-cariño maternal con la niñita de *Aliens* era precisamente eso, un pegote puesto para disimular y que precisamente por ser eso, no casaba demasiado bien con el personaje tal y como había sido delimitado en los contornos de la primera película». Por lo tanto, sabido era por todos que Ripley podía haber sido

[1] SOLÉ, ALBERT. «Las heroínas de la ciencia ficción... ¡en el cine!». En *Blade Runner Magazine*, nº 2. Diciembre 1990.

Aliens, el regreso.

un hombre sin ningún tipo de problema (a excepción de esas escuetas braguitas, *of course*). Concederle ese sentimiento maternal en *Aliens*, explícito desde las primeras escenas de la película (sus constantes arrumacos al felino), no era más que un intento de debilitar su condición de maromo innato. Sin embargo, esto resulta bastante incomprensible debido a que Cameron, como hemos mencionado anteriormente, acentúa de manera notable las facultades para la supervivencia y la lucha de Ripley. Luego, si bien Ripley asume el estado de madre adoptiva de Newt y, durante toda la película, ay, no cesan las muestras de cariño mutuas (los besitos, las caricias, los abrazos..), esto no basta para paliar la superabundancia de robustez otorgada por el director a su protagonista. Ripley es un garañón como la copa de un pino y nadie puede (ni debe) cambiarla.

Esto entronca directamente con el ambiente militarista en el que se desenvuelve toda la trama, atestado de soldados chulescos y ramplones en demasía. ¿Otra maniobra fallida para contrastar la pretendida feminidad de Ripley? Posiblemente, pero, en lugar de darle el contrapunto a su reciente condición fraternal, lo castrense la refuerza, ensalzándola como paradigma del liderazgo, capaz de las decisiones más drásticas y convenientes.

Los tambores marciales de la magnífica banda sonora de James Horner adornan a la perfección la batalla entre dos ejércitos: el humano y el alienígena. El monstruo de la primera parte, poco menos que un ser divino e imbatible, se convierte en un enemigo básico, un animal fácilmente abatible a golpe de trabuco de alta tecnología. El *alien*, pues, se trivializa, algo no tan perjudicial como puede parecer a primera vista, puesto que el espectáculo que Cameron nos ofrece no se basa en el terror, ni mucho menos, sino en la acción más elaborada. Pese a que los ambientes cerrados de *Alien* se repiten de una u otra forma, este es un espectáculo de mamporros, de tiros, de efectos especiales y combates desorbitados. Pirotecnia de primera y sensacionalismo ideal, compuesto de escenas tan conseguidas como el juego de Bishop (Lance Henriksen) con el cuchillo o cualquiera de los encuentros de Ripley con la madre *alien*.

Por último, debemos reincidir en lo acertado del tono militar plasmado por Cameron, tan criticado por otros. Algunas de las conversaciones entre los soldado son puras exquisiteces de lo pedestremente viril.

Para los completistas más acérrimos, debemos recordarles que existe una versión extendida (el montaje del director) con diecisiete minutos añadidos en los que podemos apreciar las imágenes de la llegada de los colonos a la nave extraterrestre, y en la que descubrimos que el insólito afecto que Ripley profesa a la niña es debido a que tenía una hija de once años que murió de envejecimiento. Casi nada.

ALIEN 3

Sigourney Weaver estaba cansada de interpretar a Ripley, pero sin embargo, volvió a hacerlo: «La idea fue exclusivamente de los productores. Cuando se estrenó *Aliens*, la segunda de la serie, tuvieron la idea de hacer un tercer *Alien* sin Ripley, la protagonista, y luego, inmediatamente, rodar el cuarto en que sí volviera a aparecer. Se escribió un maravilloso guión sin Ripley, pero Joe Roth, máximo directivo de la Fox, dijo: ¡No podemos hacer un *Alien* sin Ripley!».

En un principio, *Alien 3* debía ser dirigida por Vincent Ward, responsable de la interesante *Navigator, una odisea en el tiempo*, pero lo retiraron del proyecto debido a que, según los altos mandos de la Fox, su historia era una epopeya mística demasiado aburrida y estirada.

En sustitución de Ward, colocaron a un joven de 29 años llamado David Fincher que, ya en su más tierna infancia, dedicaba su tiempo libre a rodar películas caseras. Fincher, que con tan solo diecisiete años entró a trabajar para la Industrial Light & Magic, se había convertido en un acreditado director de anuncios publicitarios y vídeoclips (Billy Idol, George Michael o Madonna fueron algunos de sus más asiduos clientes).

Cuando filmó *Alien 3*, tuvo que soportar las desmedidas presiones de la Fox. Uno de los actores principales, Charles Dance, explicaba así el ambiente que se vivía durante el rodaje: «La presencia de la Fox se hizo notar lo suyo. Siempre había un mínimo de tres ejecutivos rondando por allí, y la diferencia horaria entre Los Ángeles y Londres significaba que David siempre estaba recibiendo llamadas telefónicas a las tres de la madrugada y casi nunca podía disfrutar de una noche entera de sueño. La Fox se estaba gastando un montón de dinero, y quería saber qué tal andaba la producción».

Y es que, naturalmente, 53 millones de dólares hubieran obligado a cualquier productora a presionar lo suyo...

Fue necesario tal presupuesto para poder hacer real las invenciones de Ward, al que se reconoce en los créditos como encargado de la historia, iniciada cuando la nave Sulaco en la que Ripley, Newt, Hicks y los restos de Bishop viajaban rumbo a la Tierra, sufre un incendio provocado por un *alien* en estado «Facehugger» que se hallaba oculto junto a ellos. Esta iba a estrellarse en Fiorina-161 (también conocido como Furia 161), un planeta donde los piojos hacen su agosto y un buen puñado de prisioneros de la más baja categoría (violadores, asesinos, pederastas, etc.) se encuentran recluidos. Los aprisionados, una

Alien 3.

variedad *freak* de monjes obsesionados con el cristianismo más apo-
calíptico y exacerbado, recogerán de la cápsula espacial colisionada a
Ripley, la única superviviente.

Desde ese momento se sucederán varios descubrimientos, a saber:
que Ripley alberga en su vientre una reina *alien* implantada por el
«Face Hugger» que se escondía en el Sulaco; que ha traído consigo,
también, un *alien* que se introduce dentro de un perro y toma la forma
de este, para más tarde eliminar a todo aquel que se le cruce por las
fauces; que es la última encarnación de Jesucristo, ya que se sacrifi-
cará por la humanidad en la última escena de la película y extenderá
los brazos en forma de cruz; y que con el globo ocular dañado y san-
grante (las lentillas de contacto que le colocaron a la Weaver eran de
lo más molestas), adquiere una dimensión de heroína trágica desconocida hasta la fecha. ¿Serán todos estas hazañas obra de la propia
Sigourney Weaver, ahora productora del film?

El rodaje de *Alien 3* fue bastante conflictivo: después de quince
semanas metidos de lleno en los estudios, llegó la postproducción, en
la que fue preciso que el equipo volviera a grabar algunas escenas.

Alien 3.

Asimismo, hubo un interminable vaivén de guionistas de la talla de David Twohy, William Gibson, David Cronenberg y, por descontado, Walter Hill y David Giler.

La película ofrece varias innovaciones con respecto a las dos anteriores. Hay planos rodados desde el punto de vista del *alien*. Para ello, se colgó la cámara en la parte superior del decorado y viajó por los túneles de ventilación a velocidades brutales mientras giraba 360 grados sobre sí misma. Esto causa un ritmo de acción trepidante. Además, este nuevo *alien* puede perseguir a sus víctimas a toda velocidad, gracias a unos efectos especiales basados en marionetas y cámaras robotizadas.

La secuela en sí, posiblemente, sea la más floja de la serie. Por un lado, el esclarecimiento del guión es francamente ordinario, repite esquemas ya presentados en el film de Scott e intenta apartarse de la violenta acción de Cameron, prohibiendo la aparición de cualquier arma de fuego o similares. Sin embargo, esta negación de lo tecnológico, enfrentando a Ripley contra el alien con las manos desnudas, tampoco es explotada adecuadamente. Como tampoco es adecuado el desarrollo del atrayente concepto presentado por Ward con respecto a los monjes. Ni siquiera la frenética cámara de Fincher logra atrapar del todo al espectador que, aunque se encuentra frente a una entretenida producción, no logra —por poco, todo sea dicho— alcanzar a sus dos mitificados antecesores. Una lástima.

ALIEN RESURRECTION

A Sigourney Weaver ya se le veía el plumero desde hace tiempo: «Por lo que a mí respecta, la serie *Alien* ha muerto, pero si se les ocurriera reanudarla con una historia extraordinaria... No sé, supongo que me lo pensaría».

Y se lo pensó: *Alien resurrection*, la cual se me antoja como una de las producciones más esperadas de los últimos años y, en particular, la que más rumores y esperanzas ha provocado entre el aficionado al fantástico, por fin, es una realidad.

Danny Boyle, el realizador de *Trainspotting* y *Tumba abierta*, declinó la oferta de dirigir *Alien resurrection* aduciendo su preferencia por volver a encargarse de otra película de bajo presupuesto, antes de perder toda libertad creativa embarcándose en una superproducción tan importante como la de la Fox. David Cronenberg y nuestro Álex de la Iglesia también tuvieron la opción de dirigirla y, aunque la idea de colaborar con Sigourney Weaver y Winona Ryder les seducía bastante, no aceptaron debido a las presiones a las que el estudio les hubiera sometido. Sin embargo, el elegido para devolver a la vida una saga que ya parecía haber pasado a mejor vida, no tiene nada que envidiar de los anteriores personajes: Jean-Pierre Jeunet, el agudo e innovador director de *Delicatessen* y *La ciudad de los niños perdidos*.

La base escrita sobre la que Jeunet ha trabajado procede de Joss Whedon, un guionista en alza que, hasta el momento, siempre ha sido sinónimo de entretenimiento absoluto. Whedon, cuya experiencia en materia de heroínas le ha valido el permiso para consumar esta historia, es conocido por ser el autor de los guiones de *Buffy, cazadora de vampiros*, *Speed* o *Toy Story*. Para esta reciente secuela, Whedon ha intentado capturar el horror futurístico presente en la atmósfera de las dos primeras películas, sin olvidar su distintiva aportación individual.

Naturalmente, una nueva secuela de *Alien* sin Ripley es algo así como un onanista compulsivo sin manos. Ella es la herramienta para que todo funcione a la perfección. Pero Ripley estaba muerta. Conclusión: Whedon debía hallar una excusa para resucitarla.

El tema de la clonación está de moda. Por lo tanto, puede que la posibilidad de crear una réplica exacta de la valiente protagonista no parezca tan desfachatada como otras soluciones.

Doscientos años después de que los monjes delincuentes de *Alien 3* sufrieran los envites del endemoniado alienígena, Ripley es clonada.

Los científicos que la duplican, extirpan a la reina *alien* que moraba en su interior antes de que la clonación se complete, aunque el embrión *alien* logra escaparse durante el proceso. Pero lo más extraño de todo, es que el ADN de Ripley se ha mezclado con el del *alien*, y a la inversa. La derivación de tan fortuita amalgama genética se hará pronto de notar: la reina *alien* se transforma en una mutación que posee un fragmento de la inteligencia y agresividad de la única superviviente del Nostromo (¿acaso no tenía suficiente con la suya?) y, en cambio, su mamá humana es partícipe de la memoria colectiva de los *aliens*, disfruta de algunas de sus especiales habilidades físicas y es capaz de olfatear el rastro de sus cosanguíneos extraterrestres.

El cóctel de genes provocará una especie de regresión a la edad del pavo por parte de Ripley, la cual se verá envuelta en una espiral de confusión y dudas acerca de su propia naturaleza. Al mismo tiempo, los científicos y soldados que practicaron la dichosa operación, se verán obligados a formar equipo con un grupo de rudos mercenarios para intentar pararles los pies a los *aliens* de rigor.

Alien Resurrection ha costado alrededor de 80 millones de dólares, de los cuales una gran suma se ha invertido en efectos especiales, repartidos a partes iguales entre Amalgamated Dynamics Incorporated, la misma compañía que en el pasado se encargase del bicho espacial de *Alien 3*, y Blue Sky Productions, los talentosos especialistas en imágenes generadas por ordenador que pusieron a bailar de manera frenética a las cucarachas de *El cuchitril de Joe*.

De entre los logros de los especialistas en efectos especiales, cabe destacar la creación del nuevo monstruo, el recién nacido, una fantástica añadidura a la familia alien que posee una segunda lengua a modo de tubo mortal que taladra a sus víctimas. Con ella las desangra para más tarde difundir el flujo por las grandes y traslúcidas venas que circunvalan su cabeza, como si fuera una garrapata intergaláctica.

Además, existen varias escenas que no desmerecen en absoluto de la trepidante acción que James Cameron nos presentase en *Aliens*, rodadas al más puro estilo del director oriental John Woo (*The killer*, *Broken arrow*). Me explico: algunos de los personajes parecen preferir usar dos rifles, dos pistolas o dos escopetas a pulso en lugar de la única habitual.

Pero no todo el presupuesto se ha empleado en fuegos artificiales: Sigourney Weaver, que en un principio no quedó plenamente convencida de la historia de Whedon, se hizo de rogar y acabó embolsándo-

Alien resurrection.

se once millones de dólares —seis más que en *Alien 3*— por volver a encarnar a Ripley. Los rumores contaban que los productores de la Fox, temerosos ante la respuesta negativa de la Weaver para protagonizar *Alien resurrection*, situaron a Shelley Duvall en el papel de la segunda Ripley. ¿Cómo explicar la muda de apariencia de la protagonista? Fácil. Durante el crecimiento-nacimiento del clon, los científicos alteraron inconscientemente la secuencia de su código genético y el duplicado salió físicamente cambiado. Asunto arreglado.

Por su parte, Winona Ryder no titubeó ni un instante a la hora de decidirse por el papel de Annalee Call (personaje ansiado por la musculosa Linda Hamilton), una androide que asalta aeronaves y que se unirá a Ripley para combatir la amenaza alien. Sin duda, la encantadora Winona no podía haber elegido una película mejor para variar de ocupación y dedicarse a desnucar extraterrestres. Un cambio de registro absolutamente diferente con respecto a sus últimos devaneos con el cine de época o las comedietas románticas.

El reparto se completa con dos intérpretes que ya habían trabajado anteriormente con Jeunet: Ron Perlman, uno de los feos más entrañables del momento, al que hemos podido ver protagonizando la soberbia teleserie *La bella y la bestia* o en películas como *El nombre de la rosa* y *Cronos*; y *Dominique Pinon*, actor fetiche de Jeunet que ya había intervenido en *Delicatessen* y *La ciudad de los niños perdidos*.

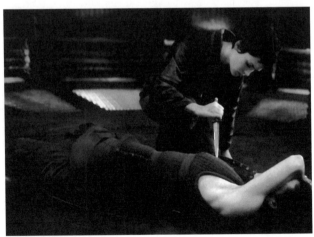

Alien resurrection.

Precisamente, fue en este último largometraje donde Perlman entabló amistad con el director gabacho, el cual le concedió un papel que, originalmente, había sido pensado para el asiático Chow Yun Fat. Así, Perlman da vida a Johner, borracho y tipo duro, y Pinon hace lo propio con Vriess, un jefe mecánico del montón.

A estas desacostumbradas estrellas se les suman Brad «Muñeco diabólico» Dourif (Dr. Gediman), Dan «El club de las primeras esposas» Hedaya (General Pérez), J.E. «Copycat» Freeman (Dr. Wren), Michael «El cuervo» Wincott (Elgyn, capitán de los contrabandistas) y otros como Raymond Cruz, Kim Flowers, Gary Dourdan o Leland Orser.

Asimismo, debemos reseñar que Darius Khondji, colaborador frecuente de Jeunet y fenomenal director de fotografía de *Seven, Belleza robada* y, ahora, *Alien resurrection*, ha usado un proceso especial de tecnicolor llamado ENR para rodar la película. A través de él, puede añadir efectos plateados a las escenas y lograr que los colores oscuros parezcan más ricos y los tintes brillantes más callados. Los contrastes son extremos y el resultado en pantalla es realmente sublime.

Para finalizar, advertir al lector que todo parece indicar que la Weaver ha quedado tan contenta de la apariencia final de *Alien resurrection*, que ya se están estudiando posibles líneas argumentales para realizar la quinta secuela de *Alien*. Pero eso es algo que deberemos descubrir con el paso tiempo.

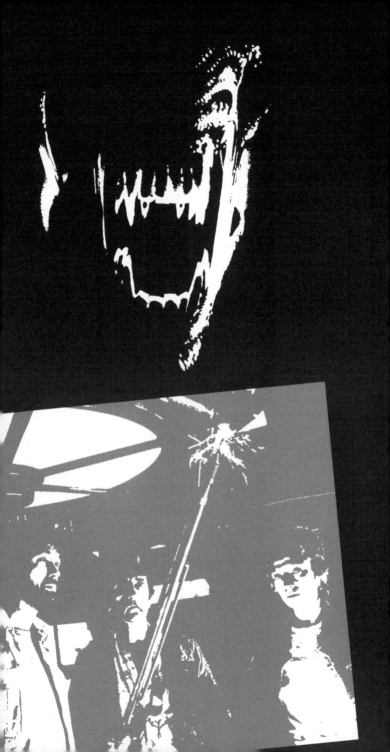

«[...] En *Alien*, concretamente, se propone una neta oposición entre lo orgánico y lo mecánico (la astronave), y la persecución del monstruo por los recovecos de la astronave no hace más que actualizar, en la era espacial, el mito de Teseo y el Minotauro en el interior del laberinto. Mientras que la resistencia verdaderamente sobrenatural de la bestia resucita el mito del monstruo inmortal, es decir, del Ave Fénix que renace de sus cenizas. Y, en efecto, este filme estaría en el origen de varias secuelas. [...] *Alien* ofrece un juego sarcástico de inversiones biológicas, mostrando varias contradicciones entre apariencia y realidad. Kane, varón, queda «emabarazado» por el monstruo, de manera que, al igual que en las posesiones diabólicas, no es lo que aparenta, pues ha sufrido una mutación de identidad. [...] Mientras que el científico Ash, de apariencia humana, es un simple robot, cuyo nombre en inglés significa apropiadamente «ceniza». Y si un hombre pare un monstruo de sus entrañas, será una mujer, Ripley, la que se convertirá en líder en la lucha contra el feroz invasor.»

GUBERN, ROMÁN.
Espejo de fantasmas. Madrid. Espasa Calpe. 1993.

«[...] La aventura, extraña y exótica, está presente desde el primer momento, rumbo a lo desconocido, situándose los personajes en un contexto derrotista, entre la frustración y la muerte más brutal, incapaces de hacer frente, con éxito, a los diversos contratiempos. [...] El escenario podría ser cualquiera, pero se ha elegido aquel que resulta más espectacular y comercial dentro de las corrientes de moda actuales. La vendible ciencia-ficción se ha combinado con otros géneros de éxito, como el cuento de horror gótico (personajes en peligro en un marco cerrado), con una tópica utilización del suspense en alargadas escenas e impactos de sorpresa. [...] Los apuntes abundan en alejar el relato de ciertos convencionalismos del «género». No hay «buenos» y «malos». No existe el héroe. Es una mujer quien, por eliminación, soporta finalmente el peso de la acción. La cotidianeidad viene inteligentemente dada por las continuas protestas laborales del grupo de técnicos que manejan la nave.»

VICENTE.
En *Cartelera Turia*. Octubre 1979.

«[...] O'Bannon y Shusett se esforzaron en dotar a los personajes de cierta entidad humana, aprovechándolo para dejar patente que esa misma humanidad era lo que les hacía carecer casi de posibilidades frente al monstruo. De hecho, cada víctima cae debido a una característica o debilidad típicamente humana (Kane-curiosidad, Brett-inercia, Dallas-temeridad, Lambert-cobardía, Parker-indecisión) de la cual el pragmático alien se beneficia con metódica (e inhumana, evidentemente) frialdad.

También llamó bastante la atención, en su momento, que un personaje inicialmente secundario (y además femenino) terminara erigiéndose en protagonista absoluto. El espectador asistía incómodo a como iban cayendo aquellos que parecían adquirir una mayor magnitud argumental. Esa falta de un personaje lo suficientemente fuerte para que el espectador pueda apoyarse en él (hasta la eclosión de Ripley en el último tercio) enrarece aún más ese ambiente angustioso, de fracaso inevitable, que impregna toda la cinta.»

TRASHORRAS, ANTONIO.
En *Fantastic Magazine*. Septiembre 1992.

«[...] La idea, bastante atractiva, se basa en una especulación sobre la supervivencia en el espacio en una situación de extremo peligro, lo que recuerda algunos relatos de John Wyndham, y en trasplantar a un lejano futuro, a un paisaje remoto y entre una tecnología muy avanzada los viejos miedos del terror gótico; haciendo del alien una criatura lovecraftiana y de la nave Nostromo el equivalente de un lóbrego castillo lleno de pasadizos secretos y estancias amenazadoras. [...] Creo que *Alien* habría sido mejor todavía si Ridley Scott hubiera sido más un creador de formas que un ilustrador competente. Pero, aunque lejos de ser esa obra maestra que muchos proclaman, la película es importante dentro del contexto del nuevo cine fantástico y supone un obligado punto de referencia de cara a su evolución.

[...] Quienes suspiran por la falta de originalidad de *Aliens* deberían tener en cuenta que tampoco *Alien* se caracteriza precisamente por la abundancia de esta (Lovecraft, Bava, Douglas, Harrington y otros podrían atestiguarlo). El defecto que lastra Aliens es tanto el problema congénito al cine de terror y ciencia ficción de los años ochenta —creer que la eficacia del horror es directamente proporcional a la abundancia de criaturas y efectos—, como ese molesto psicoanálisis de bolsillo que enfrenta a terrestre y a extraterrestre desde su condición de, respectivamente, madre adoptiva y madre natural.»

LATORRE, JOSÉ MARÍA.
El cine fantástico. Barcelona. Publicaciones Fabregat, S. A. 1987.

«[...] *Aliens* es un genuino film bélico de comandos, una aventura de frontera, en la que los indios han sido sustituidos por hordas de mortíferos *aliens*. Épica, claustrofóbica, hiperviolenta e histérica, mantiene el pulso en todo momento hasta el duelo final entre la gigantesca mamá alien y la no menos furiosa y metalizada Sigourney Weaver (a partir de aquí apodada Sigurna).»

PALACIOS, JESÚS.
Goremanía. Madrid. Alberto Santos, Editor. 1995.

«[...] David Fincher conduce los delirios religiosos de Ward con un pulso verdaderamente angustioso y sofocante; su valentía —y la de los productores, incluida Sigourney Weaver— le lleva a edificar un superespectáculo nada complaciente, una obra claustrofóbica, de colorido ocre y siniestros tintes góticos, que renuncia a todo el ornamento cameroniano de alta tecnología, para pasar a sostenerse sobre una trama fatalista y una estética que no rehúsa la incomodidad, el detalle crudo y la sordidez. *La Cosa* de Carpenter o la misma *El nombre de la rosa*, que barajaron elementos similares, no cosecharon éxito en Norteamérica; sin embargo, fueron películas de culto en Europa. *Alien III* ya está recorriendo parecido camino.»

MONZÓN, DANIEL.
En *Fotogramas*. Septiembre 1992.

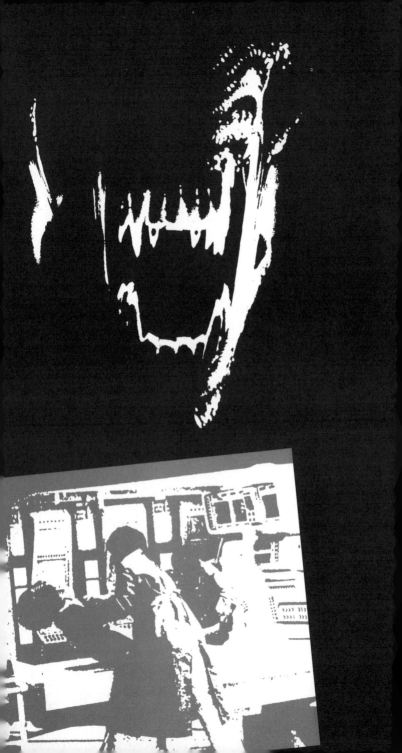

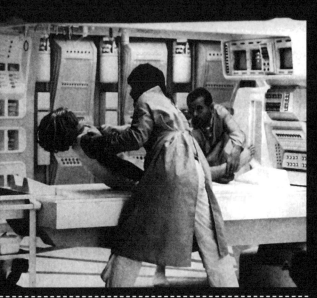

Ficha artística

Tom Skerritt..Dallas
Sigourney Weaver...Ripley
Veronica Cartwright...Lambert
Harry Dean Stanton...Brett
John Hurt..Kane
Ian Holm..Ash
Yaphet Kotto...Parker

Ficha técnica

Dirección...Ridley Scott
Guión...Dan O'Bannon
Historia....................................Dan O'Bannon y Ronald Shusett
Producción.....................Brandywine Productions para 20th Century Fox
Productor................................Gordon Carroll, David Giler y Walter Hill
Productor ejecutivo...Ronald Shusett
Efectos especiales...Brian Johnson y Nick Allder
Diseño y creación del *alien*..........................H. R. Giger y Carlo Rambaldi
Director de fotografía...Derek Vanlint
Directores artísticos.....................................Les Dilley y Roger Christian
Montaje...Terry Rawlings
Música..Jerry Goldsmith
Casting..................Mary Goldberg (USA) y Mary Selway (Reino Unido)

Duración...124 min.
Año de producción...1979

BIBLIOGRAFÍA

—GUBERN, ROMÁN. *Historia del cine*, tomo 3. Barcelona. Editorial Baber. 1989.

—GUBERN, ROMÁN. *Espejo de fantasmas*. Madrid. Espasa Calpe. 1993.

—GUILLOT, EDUARDO. *Escalofríos. 50 películas de terror de culto*. Valencia. Midons Editorial. 1997.

—LATORRE, JOSÉ MARÍA. *El cine fantástico*. Barcelona. Publicaciones Fabregat, S. A. 1987.

—PALACIOS, JESÚS. *Goremanía*. Madrid. Alberto Santos, Editor. 1995.

—SANLON, PAUL y GROSS, MICHAEL. *The Book of Alien*. Londres. Titan Books. 1993.

—BLUME, ARMANDO S. «Ridley Scott revisitado». En *Blade Runner Magazine*, nº 3. Enero 1991. Págs. 8-13.

—CASAS, QUIM. «El último juego de Ripley». En *Dirigido*, nº 205. Septiembre 1992. Págs. 22-25.

—CUENCA, JOSÉ IGNACIO. «Películas míticas: *Alien, el octavo pasajero*». En *Interfilms*, nº 51, Año IV. Diciembre 1992. Págs 56-57.

—KERMODE, MARK. «Bailando con alienígenas». En *Fangoria*, nº 10. Julio 1992. Págs 28-31.

—TOULLET, MARC. «*Alien resurrection*». En *Mad Movies*, nº 107. Julio 1997. Págs. 41-43.

—TRASHORRAS, ANTONIO. «Crónicas alienígenas». En *Fantastic Magazine*, nº 7, Época II. Septiembre 1992. Págs. 28-33.

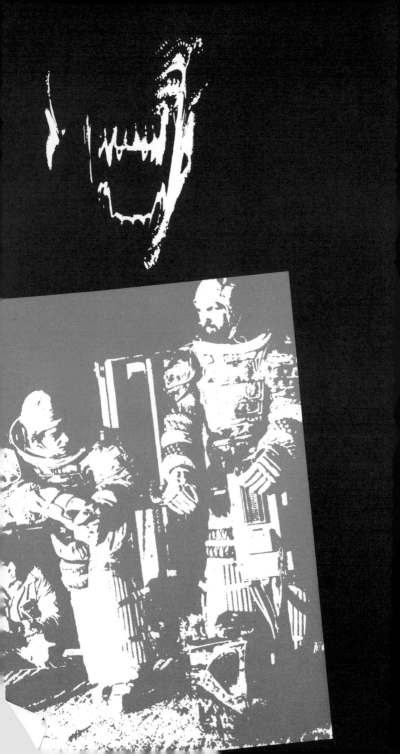

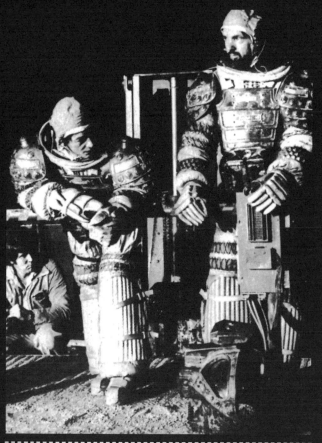

ÍNDICE DE PELÍCULAS CITADAS

ÍNDICE ONOMÁSTICO